「萬年代記帳」に見る

福岡藩直方領犯科覚帖

御徳村風土記研究会
白石壽郎

海鳥社

はじめに

平成十三年、私たち数人で御徳《ごとく》村風土記研究会という小さな会を発足させ、『御徳村風土記』と題して、御徳村の歴史について調べた結果を冊子にまとめて自費出版した。

その折、遠賀川を挟んだ対岸の新山崎《しんやまさき》村（現鞍手郡小竹町新山崎区）との交流があったことが分かり、新山崎村で江戸中期の約五十年間にわたり書き続けられた「萬年代記帳《よろずねんだいきちょう》」と呼ばれる庄屋日記とも言える古文書を熟読する機会に恵まれ、御徳村のことについても教えられることが多かった。一例に過ぎないが、御徳村の祇園舎（現須賀神社）に関する記録は御徳にはなく、「萬年代記帳」によって初めてその創建時期や規模が判明した。その他、御徳からたくさんの石材が「御徳石」として産出されていたことなど、多くの収穫を得ることができた。

この「萬年代記帳」は、江戸中期、直方《のおがた》藩が福岡藩の支藩としてあった頃、「触《ふれ》」[注]は違ったが藩内に御徳村と同時期に同じく小規模の新山崎村があり、その村で代々庄屋役を勤めた庄屋中、二代と三代の庄屋甚吉が、正徳四（一七一四）年から宝暦十二（一七六二）年までの約五十年間にわたって書き続けてきた日記風の備忘録である。まず、先代庄屋甚吉事与兵衛から役儀を継いだ倅《せがれ》惣次郎改め甚吉が、親与兵衛からの申し継ぎの時に聞いた新山崎村開村の経緯や天照宮《てんしょうぐう》の縁起《えんぎ》などを書きとめたところから始まり、次に、世襲の如く庄屋役を仰せ付かった倅与次郎もまた甚吉と名を改め、記録を引き継いだ。

この古文書が新山崎区の林家（現当主・林文雄氏）に保存されていることは関心のある者には知られていたが、古くから秘蔵の文書として公開されることなく、二百数十年間、門外不出であった。

小竹町が昭和六十三年、町制施行六十周年記念事業として新しい町史の編纂を企画した折、町史編纂委員会から林家に対し公開されるよう懇請《こんせい》、当時林家の当主であった新山崎区長・林一男氏が公開を決意され、ようやく貴重な古文書をわれわれは目にすることができた。

「萬年代記帳」の公開によって近世農村の暮らしのさまざまなことが明らかになった。地方史研究資料としての価値は測り知れず、特に「日本三大飢饉《ききん》」と称される享保の飢饉の惨状をこの文書ほどリアルに表現した記録は他に例を見ない。

飢饉の記録のみならず、記事の内容はきわめて多岐にわたり、農民の暮らし、庄屋の仕事、次々と襲う凶作、武士と農民、藩政の仕組の変遷、村の治安、藩政中枢の揉め事など、文字通り万《よろず》のことを記述しており、いずれの事項も興味深い。

この「萬年代記帳」の舞台となった直方藩は、元和九（一六二三）年福岡藩初代藩主の黒田長政《ながまさ》が死去後、その四男高政《たかまさ》を藩主として成立（延宝三〔一六七五〕年までは東連寺《とうれんじ》藩と称した）。その後、十二年間の中絶を挟み、享保五（一七二〇）年、四代長清の死後、その嫡子継高《つぐたか》が本藩を継承したため福岡藩に併合された。すなわち「萬年代記帳」は直方藩の末期から書き始められたことになる。

凶作続きに止めを刺すかの如く押し寄せた享保の飢饉、大災害から立ち直ろうとする農民、苛酷な年貢徴収に示される采配者の圧政など、江戸中期の農村の実態を書きとどめて余すところがない。これら時代の様相は、田高わずか二百有余石の小さな新山崎村も例外ではなかった。農民は窮乏のどん底にあえぎ、盗難は急増し、無頼《ぶらい》の徒が村中を横行し、村の治安は極度に悪化していった。

「萬年代記帳」を書き続けた二代の庄屋甚吉は、役儀大切に勤めながら村の治安にも目配りを怠らなかった。日本中を騒がせた大盗賊のことから布子二枚の小泥棒のことまで、目にし耳にしたことを記録した。

この小著では、「萬年代記帳」に記録された万のことから焦点を絞り、治安の悪化していく近世中期の農村の中でどのような事件や犯罪が起こり、それらに対してどのような刑が科せられたかなどについて、関係資料を漁りながら調べたことを報告したい。

表題を『福岡藩直方領犯科覚帖』としたが、書中における事件や犯科はすべて直方領でのものとは限らない。他領での犯罪者が国中を引き廻され直方領内を通った時の様子など、引き廻しの刑を知るに必要と考えたものは取り上げた。

この小著が江戸中期の行刑史の一端を知る手がかりになれば幸いである。

（注）福岡藩は、行政の末端組織として各村に「庄屋」役を置き、年貢の徴収、宗旨帳の管理など行政一般を司らせた。さらに、郡奉行との中間行政機構とも言うべき、周辺十数カ村を束ねた「触」を置き、「大庄屋」（触口《ふれくち》）役に各村の行政を統括させた。直方領には安永二（一七七三）年頃、竜徳、山口、植木、木屋瀬の四触があった。触名は、大庄屋の居住する村の名を用いることが多く、大庄屋の異動により触名も変わることがあった。新山崎村は、周辺の竜徳、南良津、鶴田など十五、六カ村の中の一村として竜徳触に属し、御徳村は木屋瀬触に属していた。

「萬年代記帳」からの抜粋にあたって

1　「萬年代記帳」は、『福岡県史　近世史料編　年代記㈠』（福岡県、一九九〇年）収録の「萬年代記帳」（林文雄家文書、藤本隆士・能美安男・江藤彰彦校註）をもとに、読み下し文に改めた。

2　原文の抹消・挿入・貼紙などについては、すべて『県史』校訂内容をそのまま取り込み、簡略表記とした。

3　「籠屋」を「牢屋」、「百性」を「百姓」、「詮儀」を「詮議」とするなど、当時慣用の表記については、現代的な表記に改めた。

4　地名の表記については、仮名で書かれたり、漢字で書かれたり、漢字もいろいろの文字が使用されているので、現在用いられているものに統一した。例＝「能方《のおがた》」は直方《のおがた》、「ならつ」は南良津《ならづ》、「本上」は本城《ほんじょう》に改めた。

5　和暦には〔　〕を付して西暦を併記した。干支《かんし》表記は原則として省略した。「同年三月」などの記載について、前後の記事から判断できるものは和暦と西暦を書き入れた。

6　その他、読者の便宜を考え、現代仮名遣いに改め、新たに送り仮名を付したり、片仮名を平仮名に、漢字で表記された用語を平仮名に、平仮名表記を漢字に改めたりした。簡単な用語説明や注記を〔　〕を付して挿入した。

7　原文中には差別用語が使われているが、「犯科」に関わる差別の実態を認識する上でも必要と考え、関わりのある解説文中と併せて、そのまま用いた。

「萬年代記帳」に見る

福岡藩直方領犯科覚帖◉目次

第二部　「萬年代記帳」に見る事件と犯科

第一部　「萬年代記帳」と江戸期の刑罰

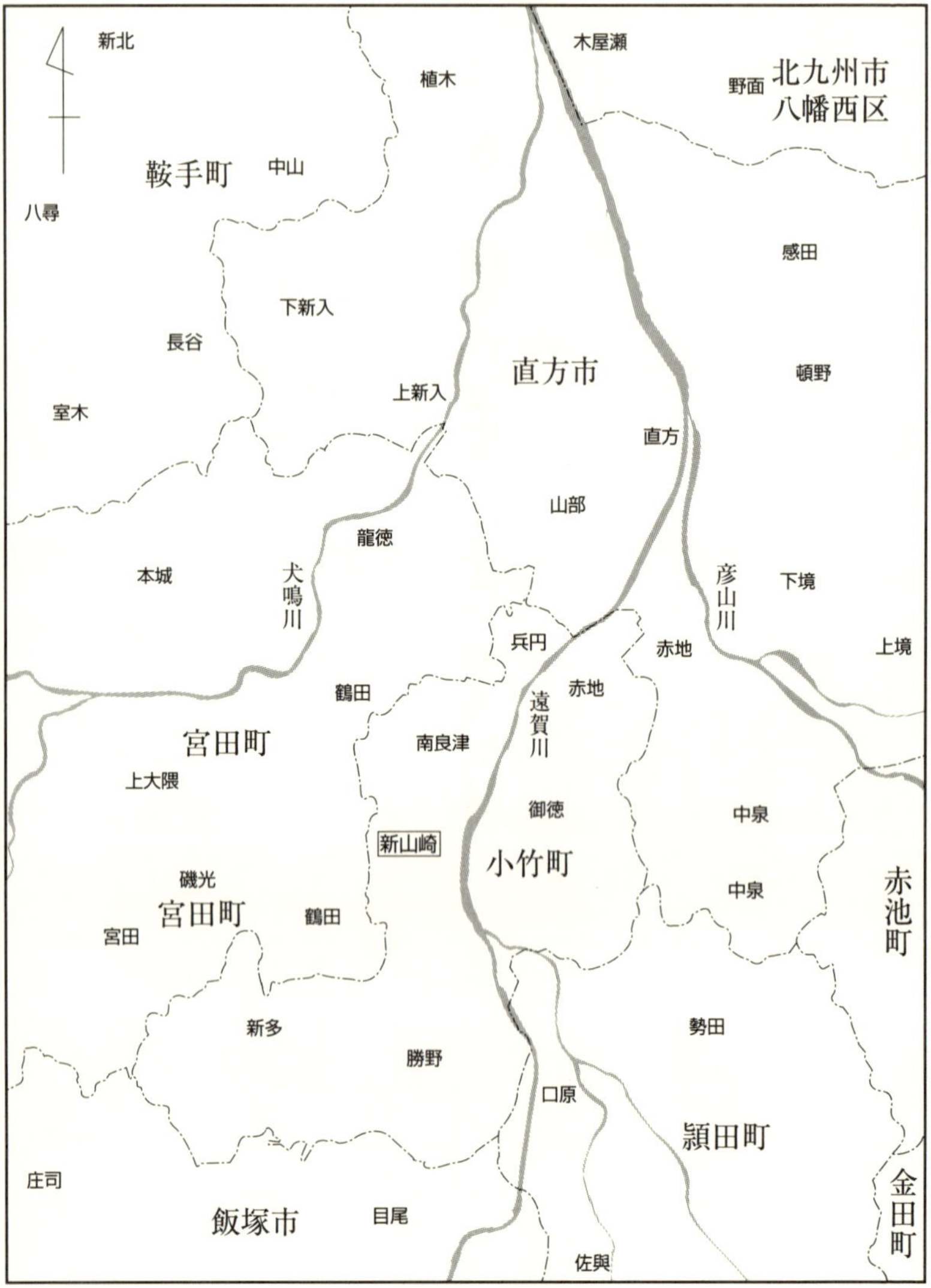
新北
木屋瀬
植木
野面
北九州市
八幡西区
鞍手町
中山
八尋
感田
下新入
長谷
直方市
頓野
上新入
室木
直方
山部
龍徳
本城
犬鳴川
彦山川
下境
兵円
赤地
上境
赤地
鶴田
遠賀川
宮田町
南良津
上大隈
御徳
中泉
新山崎
小竹町
磯光
中泉
赤池町
宮田町
鶴田
宮田
新多
勢田
勝野
口原
頴田町
庄司
金田町
飯塚市
目尾
佐與

新山崎村周辺図

1　新山崎村と「萬年代記帳」

まず、「萬年代記帳」の舞台となった新山崎村《しんやまさき》について述べなければならない。「萬年代記帳」によれば、新山崎村は慶長十七（一六一二）年に開村し、元和四（一六一八）年に水帳《みずちょう》に挙がり、宝永六（一七〇九）年に山崎村と合わされて一村となっている。「萬年代記帳」中には山崎と新山崎が出てくるが、新山崎村と一村となる以前の地名が後々まで折々使われたのであろう。遠賀川中流域の川沿いの村で、対岸東側に御徳《ごとく》村と対し、その北に赤地《あかじ》村があり、南は勝野《かつの》村に接し、北に南良津《ならづ》村・鶴田《つるだ》村があり、両村を挟んで北に新山崎村の飛び地として兵丹《ひょうたん》地区があった。新山崎村はこの兵丹地区を含め、惣家数三十六、人数一七二人、田数二十町四反、畠五町六反（文政四〔一八二一〕年、村明細帳による）の小さな村であった。明治初年に作成された「福岡県地理全誌」における新山崎村の地誌とほとんど変わらない。洪水が常襲する地域で、田位は下の下であった。

「萬年代記帳」は、この小村・新山崎村の庄屋二代目甚吉によって正徳四（一七一四）年の二月から書き始められている。二十七歳の庄屋二代目甚吉は、先代庄屋甚吉が四十一年間にわたり役儀を勤めた跡を継ぎ、役儀を大事に精励し、やがて襲ってくる享保の飢饉に際しても縦横無尽の働きで大災害に立ち向かっている。起筆後、村役として携ってきた事柄を、縦二七センチ、横二〇センチの変型の使用済古紙を裏返した粗末な紙に毎日の如く書き綴り、袋閉じにして「萬年代記帳」と題して保存された。

公用の文書でもないので、江戸期独特の公用書体の御家流《おいえ》ではなく、非常に癖の強い書風で書かれている。記事はきわめて克明で、役儀上、村の農事に関することを中心に、触中のこと、直方藩の推移、支配組織のめまぐるしい動き、国家老の動向まで詳しく正確に記録している。

二代目甚吉は、寛延元（一七四八）年、倅与二郎改め甚吉に役儀を譲るまでの三十四年間、三代目甚吉が宝暦十二（一七六二）年十月まで、親子二代四十八年間にわたって農民の暮らしや藩政の推移について書き続けた。近世福岡藩政史あるいは領民の生活史を研究する上でも史料的価値は高い。

それにしても、二人の庄屋甚吉の記述力、書写力に驚嘆する。性格的に几帳面な親子であったらしく、年貢米のこと、牛馬銀のこと、田の売買・質入れ、不作による御免のこと、オランダ商館参府旅行の食糧のことなど、すべて詳細な数字を記載し正確無比である。

記事は村内のことにとどまらず、触中のこと、藩政の中枢に関わることにまで拡がり、情報の広さ、深さ、確かさに驚く。新山崎村は小さな村であるが、村なかを長崎街道が縦貫していたこと、それに庄屋は役儀上、木屋瀬《こやのせ》や底井野《そこいの》、あるいは福岡に出向くことが多く、他村の庄屋、大庄屋とも交流の機会が多々あったであろう。それらの機を逃がさず積極的に情報を探し求めたに違いない。文中、「……由承《よしうけたまわ》り候《そうろう》」などと、実証できない部分には謙虚な表現が多い。誠実な人柄が偲ばれる。『新訂 黒田家譜』(以下、『黒田家譜』とする)や『福岡藩 吉田家伝録』(以下、『吉田家伝録』)などの史料と照合・併読しても、誤差はほとんどない。

2　「萬年代記帳」の時代背景

二代目甚吉が庄屋役儀を継いだ時、直方藩主は四代黒田長清《ながきよ》の時代であった。長清は江戸参勤のため在府中に発病、新山崎村の人々は天照宮《てんしょう》に藩主の病気平癒を祈って千度参りの祈願などをした。一時快気を得たが、享保五（一七二〇）年二月に卒去。直方藩は福岡藩支配となった。庄屋甚吉は藩主長清の治下ではわずか六年間、その役儀を勤めたにすぎない。その間長清は、鷹狩を楽しむなどで、新山崎村に三度訪れている。

直方若殿様〔継高《つぐたか》〕、福岡肥前守様御跡御継ぎ遊ばせられ候、正徳四〔一七一四〕年四月廿三日に相極り候て五月九日に在々御触廻り申し候、村々庄屋衆はよろこびに参り候

長清の嗣子継高は福岡藩六代藩主として跡を継ぎ、直方藩は跡継ぎがなく廃藩となる。

福岡御支配に成り申す事、享保五〔一七二〇〕年六月廿四日より、福岡より田代半七様御

越し、諸事侍衆中へ仰せ渡され候

直方御領福岡へ加り御役人相極り、御郡代井手勘七様、御免奉行小林与三太夫様・伊丹伊兵衛様御両人、御山奉行中西武助様に相極り候事、享保五年七月十九日、一触より庄屋両人長谷《ながたに》安右衛門・本城《ほんじょう》源右衛門触口に付参り候、村別山ノ口壱人宛《ずつ》参り候事、同廿二日参り候、当村より鬮《くじ》に当り六三郎参られ候

御代官様相極り申す事、享保五年七月卅日に福岡にて相知り申し候、飯塚《いいづか》中尾九郎右衛門様に相成り申し候、御下代衆本締大田武太夫様・毛屋甚蔵殿・村上惣介殿・進藤惣五殿〆四人

宗旨御奉行竹田安右衛門様・吉田兵右衛門様、小頭四人、右同年

こうして本藩支配下の組織が目まぐるしく変化する。村々の庄屋はその対応に日々追われる日が続く。時あたかも江戸幕府は八代将軍吉宗の時代であった。元禄の爛熟した文化を生んだ平和の到来とともに世の中の社会観や価値観も変容し、綱吉の「生類《しょうるい》憐《あわれ》みの令」や

直方藩御館の図（「筑前名所図会」〔福岡市博物館蔵〕より）

「武家諸法度」第一条の改定に見られる軟弱文治主義に対し、吉宗は勤倹尚武の風を奨励し、自ら粗衣粗食、簡素堅実を旨とし、「諸事権現様御定めの通り」と初代家康の施政に学ぼうとし、「享保の改革」を強力に断行し、「江戸幕府中興の将軍」と称された。

　福岡藩六代藩主継高も藩祖黒田長政《ながまさ》の施政に憧れ、「みつから兵法の間に出、諸役人を召、家老列座にて公儀より仰出されたる趣を申しきかせ給ひ……」（『黒田家譜』）の如く、将軍吉宗の政事にならい藩政の改革を図った。目安《めやす》箱の設置、鷹狩など武術の奨励、倹約令の頻発など、藩主継高の領国経営はほとんど八代将軍吉宗と軌を一にし、「福岡藩中興の賢侯」と称された。

　「萬年代記帳」の時代背景として、将軍吉宗と六代藩主継高が同時に生きていた時代であることは重視しなければならない。そこでの罪と罰は信賞必罰で、吉宗―継高に共通する厳しい領国支配の基本スタイルから生まれたと言っていい。

3 「萬年代記帳」関連年表

西暦	和暦	徳川将軍家	福岡本藩	直方藩	「萬年代記帳」関係
一六一五	元和元	秀忠(二代) 武家諸法度	長政(初代)		
一六一八	4				新山崎村開村
一六二三	9	家光（三代）	忠之（二代）	高政（初代） 東連寺四万石を分知される	
一六三七	寛永14	島原の乱		東連寺藩出陣	
一六三八	15			吉田壱岐長利没す	
一六四〇	17			之勝（二代）	
一六四二	19			家老吉田知年、福岡藩に戻る	
一六四九	慶安2	慶安御触書			
一六五一	4	家綱(四代)			
一六五四	承応3		光之(三代)		
一六六一	寛文元			東連寺御館造営	
一六六三	3				
一六七三	延宝元				甚吉庄屋勤め

一六七五	延宝3	家綱（四代）		光之(三代)	長寛（三代）　東連寺の地名を直方と改める	甚吉（与兵衛）
一六七七	5			直方藩、福岡本藩と合併	明石助九郎、直方領の支配を命じられる	
一六八〇	8	綱吉（五代）	生類憐みの令		（中絶）　福岡藩と合併につき東連寺廃藩	
一六八七	貞享4					
一六八八	元禄元				黒田長清、鞍手郡のうちに新墾田五万石を与えられる	
一六八九	2			綱政（四代）	長清（四代）　伊丹九郎左衛門、長清の家老となる	
一六九〇	3				長清、直方を居所と定める	
一六九一	4				江戸参府（ケンペル）	
一六九二	5				直方新館、妙見山（御館山）に完成	
一七〇九	宝永6		生類憐みの令廃止	『筑前国続風土記』完成		山崎村と合村

西暦	和暦	将軍	幕府	藩主	直方藩	甚吉
一七一一	正徳元	家宣（六代）		宣政（五代）	長清（四代）	
一七一二	2					「萬年代記帳」起筆
一七一四	4	家継（七代）			長清、長崎警備を命じられる	
一七一五	5					江戸参府（フォン・ホールン）
一七一六	享保元				櫛橋又之進、家老となる	
一七一九	4	吉宗（八代）				甚吉（惣次郎）
一七二〇	5				直方藩廃絶 伊丹九郎左衛門・田代半七を直方惣締とする	福岡御支配となる
一七二一	6		目安箱の制	継高（六代）	（直方藩廃絶）	目やす竹の筒象通り申事
一七二九	14					
一七三三	18			目安箱を設ける		
一七四二	寛保2		公事方御定書			
一七四四	延享元		御触書寛保集成			
一七四五	2					

一七四八	一七六二
寛延元	宝暦12
家重（九代）	
継高（六代）	
（直方藩廃絶）	
甚吉（与次郎）	

4　江戸期の刑罰

「萬年代記帳」中には犯罪や刑罰に関する記録がある。年貢を納めなかったとして入牢させられ、私欲したとして武士は切腹し、田を荒したとして郡の役人が役儀を召し上げられたりしている。どのような犯罪があり、それに対してどのような罰があったのか、その基準や規則はどうなっていたのかなど、素朴な問いかけから江戸中期における罪と罰について考えてみたい。

享保の改革によって徳川吉宗は徳川幕府中興の英明な将軍として令名が高い。財政の改革、法の整備、士道の奨励、福祉政策、勧農政策など各分野にわたって改革の実を挙げた。中でも法の整備については、それまでは慣習や慣例に従って事に処し、必要な時には御触書を乱発し、その場逃れのような場当たり的に処理されてきたが、社会の変動に即し処理されるべき問題の量も質も変化し、新しい法体系が必要となった。

吉宗は、古い慣例と奉行の裁量による刑政から法治主義に転換し、基本法典を制定し遵法精神を奨めようとした。裁判を重視し、大岡越前守に代表されるように人材登用にも務めた。まず、民政の基本として「公事方御定書《くじかたおさだめがき》」を定めた。「公事方御定書」は上下二巻から成り、下巻は特に「御定書百箇条」と呼ばれ、現在の刑法、刑事訴訟法とも言えるものであり、百三カ条五百余項目に及ぶ、法制史上画期的な大事業であった。

江戸期の刑罰については、『日本行刑史』（滝川政次郎著）、『江戸の刑罰』（石井良助著）、『刑罰の歴史』（平松義郎著）、『福岡県警察史』などの諸著によって詳細な研究結果が報告されている。刑罰の分類についても、それぞれの研究者が試みている。

ここでは主として『江戸の刑罰』の分類を参考にして述べてみる。同書では、主として「公事方御定書」の下巻によって定められた刑を中心にして次のように分類されている。

生命刑（鋸挽、磔《はりつけ》、獄門《ごくもん》、火罪、死罪、下手人《げしゅにん》、斬罪《ざんざい》、切腹）
身体刑（剃髪《ていはつ》、敲《たたき》）
自由刑（遠島《おんとう》、追放、閉門、逼塞《ひっそく》、遠慮、戸〆《とじめ》、押込《おしこめ》、預《あずけ》、手鎖《てじょう》、追院《ついいん》、退院、晒《さらし》）
財産刑（闕所《けっしょ》、過料《かりょう》）
身分刑（奴《やっこ》、非人手下《ひにんてか》、一宗構《いっしゅうがまえ》、一派構）
栄誉刑（役儀取上《やくぎとりあげ》、叱《しかり》）

なお法制史上、刑罰を分けて正刑と閏刑《じゅん》とすることがある。正刑は一般的な刑罰で、僧侶や神官などに適用する刑罰を閏刑と称した。正刑と閏刑とで刑罰の差において軽重があったとは考えられない。むしろ閏刑の方が厳しかったかも知れない。なお、この刑罰は江戸幕府が定めた幕府法によるものであり、各藩では必ずしもこの通りではなく、独自の藩法をもつ藩もあった。

「萬年代記帳」における直方領の犯科もほとんどこの分類中のいずれかに属するが、幕府法を根拠としながら直方藩ならびに福岡藩独自の藩法が適用されたと考えられる。

さらに吉宗は、元和元（一六一五）年から寛保三（一七四三）年までに幕府から発布された御触書を整理集成し、「御触書寛保集成」を完成させた。これらの法令集の根源は、寛永二十（一六四三）年に出された「土民仕置覚《どみんしおきおぼえ》」、続いて慶安二（一六四九）年に発令された「慶安の御触書」であろう。

中でも「慶安の御触書」はまことに細かく、「百姓は米を食うな」、「年貢さえすまし候えば百姓ほど心易きものはない」などとあり、農民支配の法令とは思えず教諭書《きょうかいしょ》の如き感がある。幕府も藩も財源は主として農民の貢租によってまかなわれており、貢租を皆済《かいさい》させるために衣食住をはじめ農民のあるべき姿を采配《さいはい》し、農民蔑視とも言うべき考え方に貫かれた御触である。

この「慶安の御触書」の精神は強く農民に浸透するとともに一般領民へも影響し、この御触書が培った精神構造は、江戸期を通じて日本人のアイデンティティとなったとさえ考えられる。

「慶安の御触書」は、江戸時代の研究書には三十二条中の一部について散見するが、全文を知ることは少ない。幸い、肥前平戸藩主であった松浦静山《まつらせいざん》の著書『甲子夜話《かっしやわ》』（平凡社・東洋文庫）に所載されているので、以下に転載させていただく。江戸期の農民にとって何が法度《はっと》であったかを知るとともに、特に農民の暮らしそのものを窺う資料として重要である。吉宗の勧農・重農政策は新田開発や御定書による農民への督励と倹約、苛酷な年貢上納による幕府の財政改革の実となり、幕府の年貢収入は江戸中期最高の一八〇万石を超えたという。

慶安の御触書

一、公儀《こうぎ》御《ご》法度《はつと》を恐《おそ》れ、地頭《ぢとう》代官《だいくわん》の事をおろそかに存ぜず、扨又名主組頭《なぬしくみかしら》をば、真《まこと》の親《おや》とおもふべき事。

一、名主組頭を仕《つかまつ》る者《もの》、地頭代官の事を大切《たいせつ》に存じ、年貢《ねんぐ》を能済《よくすま》し、公儀御法度を背《そむ》かず、小百姓《こびやくせう》身《み》もちを能仕るやうに申渡すべし。扨又手前《てまへ》の身上《しんしやう》ならず、万不作法《よろづぶさほう》に候へば、小百姓に公儀御用の事申付候ても、あなどり用《もち》ひざるものに候間、身持《もち》をよく致《いた》し、不弁《ふべん》仕らざるやうに、常々《つねぐ》心がけ申べき事。

一、名主心持我《われ》と中悪《なかあし》き者《もの》なりとも、無理《むり》なる義《ぎ》を申かけず、又中よき者《もの》なりとも、依《ゑ》怙《こ》贔負《ひいき》なく、小百姓を懇《ねんごろ》にいたし、年貢割《わり》役等《やくとう》のわり、少《すこし》も高下《こうけ》なく、ろくに申渡すべし。扨又小百姓は名主組頭の申付る事違《い》背《はい》なく、念を入申べき事。

一、耕作《こうさく》に精《せい》を入、田畑《たはた》の植様《うへやう》同く拵《こしらへ》やうに念をいれ、草《くさ》はへざるやうに仕るべし。草を能くとり、節節作《せつせつつくり》の間へ鍬入《くわいれ》を仕候へば、作もよく出来《でき》、取実《とりみ》も多《おゝく》これあるに付、田畑の境《さかい》に大豆小豆《まめあづき》など植《うへ》、少々《せうく》たりにも仕べき事。

一、朝《あさ》起《おき》をいたし、朝《あさ》草を刈《かり》、昼《ひる》は田畑耕作《こうさく》にかゝり、晩《ばん》には縄《なわ》をなひ、俵《たわら》をあみ、何《なに》にてもそれ〳〵の仕事《しごと》油断《ゆだん》なく仕るべき事。

一、酒茶《さけちや》を買《かい》のみ申間敷《まじく》候。妻子《さいし》同然《どうぜん》の事。

一、里方《さとかた》は屋敷《やしき》の廻《まわ》りに竹木《ちくぼく》を植《うへ》、下葉《したば》なりとも取り、薪《たきゞ》を買候はぬやうに仕《つかまつ》るべき事。

一、万種物《よろづたねもの》秋初《あきはじめ》に念を入択《いれえり》候て、能《よき》種を置《おき》申べく候。あしき種を蒔《まき》候へば作毛《さくもう》あしく候事。

一、正月十一日前《せうぐわつじういちにちまへ》に毎年鍬《まいねんくわ》のさきをかけ、鎌《かま》をも打《うち》なをし、能きれ候やうに仕るべし。悪《あし》き鍬にては田畑《たはた》おこし候に果敢《はか》ゆき候はず。かまもきれかね候へば同然の事。

一、百姓は肥灰《こへばい》調《とゝのへ》置《おき》候義専一《せんいつ》に候間、雪隠《せっちん》広《ひろ》く作《つく》り、雨降《あめふり》の時分水《じぶんみづ》入ざるやう仕るべし。それに付夫《ふう》婦かけむかひのものにて、馬《うま》をも持《もっ》ことならず、こへため申儀《ぎ》もならざるものは、庭《には》の内《うち》に三尺《さんじゃく》に弐間《にけん》ほどに堀〔ママ〕り候て、其中へはきため、又は道《みち》の芝《しば》草《くさ》をけづり入《いれ》、せ、なぎの水《みづ》を流《ながし》入、作《つくり》ごへをいたし、耕作《こうさく》へいれ申べき事。

一、百姓は分別《ふんべつ》もなく、すへの考《かんがへ》もなきものに候ゆへ、秋《あき》になり候へば米雑穀《こめぞうこく》をむざと妻子にも喰はせ候。いつも正月二月三月時分の心《こゝろ》をもち、食物《くいもの》を大切に仕べく候に付、雑穀専一に候間、麦粟稗菜大根《むぎあわひへなだいこん》そのほか何にても雑穀を作《つく》り、米を多《おゝ》く喰《くい》つぶし候はぬやうに仕べく候。飢饉《ききん》のときを存出し候へば、大豆《まめ》の葉小豆《はあづき》の葉小角豆《さゝげ》の葉芋《はいも》の落《おち》葉《ば》など、むざと捨《すて》候義は勿体《もったい》なき事に候。

一、家主子供下人等迄《いへぬしこどもげにんとうまで》、不断《だん》はなるほど疏飯《そはん》をくふべし。但田畑《たゞしたはた》おこし、田を植《うへ》、稲《いね》を刈《かり》、一入《ひとしほ》ほねおり申じぶんは、ふだんより少し食物《くいもの》をよくつかまつり、沢山《たくさん》にくわせ遣ひ申べく候。其《その》心付《つけ》あれば精《せい》を出すものに候事。

一、何とぞいたし、牛馬《うしうま》のよきを持《もち》候やうに仕べし。能《よき》牛馬程《ほど》こへを多《おゝ》くふむものに候。身上ならざるものは是非《ぜひ》に及《およ》ばず、まづかくのごとく心がけ申べく候。幷《ならびに》春中《ぢう》牛馬に飼《かひ》候ものを、秋さき支度《したく》仕べく候。田畑へ刈《かり》しきなりとも、其外何《なに》ごへなりとも能《よく》入《いれ》候へば、つくりに取実《とりみ》これあり候事。

一、男《おとこ》は作《つくり》をかせぎ、女房《にようぼう》は苧《を》はたをかせぎ、夕《ゆふ》なべを仕り、夫婦《ふうふ》ともにかせぎ申べく候。然《しか》ればみめかたちよき女房なりとも、夫《おつと》のことをおろかに存《ぞんじ》、大茶《おゝちや》をのみ、物《もの》まいり遊山《ゆさん》ずきする女房を離別《りべつ》すべし。去《さり》ながら子《こ》ども多《おゝく》これあるか、前廉恩《まへかどおん》をも得《え》たる女房ならば各別《かくべつ》なり。またみめかたちあしく候とも、夫の所帯《しよたい》を大切《たいせつ》にいたす女房をば、いかにも懇《ねんごろ》に仕るべき事。

一、公儀御法度何にても相背《あいそむ》かず、中《なか》にも行《ゆく》衛《ゑ》しれざる牢人郷中《ろうにんごうちう》に抱置《かゝへおく》べからず。夜盗《よとう》同類《どうるい》又は公儀御法度を背《そむき》候いたづらものなど、郷中へかくれ居《ゐ》、訴人《そにん》これあつて公儀へ召連参《めしつれまい》り、御僉議中《ごせんぎちう》相詰《あいつめ》候へば、殊《こと》の外《ほか》郷中《ごうちう》のくたぶれに候。又は名主組頭長《おとな》百姓幷《ならびに》一郷《いちごう》の惣《そう》百姓に悪《にく》まれ候はぬやうに、物事正直《ものごとせうぢき》に徒《いたづら》なる心持申まじき事。

一、百姓は衣類《いるい》の義、布木綿《ぬのもめん》よりほかは、帯《おび》きもの裏《うら》にも仕るまじき事。

一、少《すこし》は商《あきなひ》ごゝろもこれありて、身上《しんしやう》もちあげ候やうに仕べく候。その子細《しさい》は年貢《ねんぐ》のために雑穀《ぞうこく》を売《うり》候事も、又は買《かひ》候にも、商こゝろなく候へば、人にぬかるものに候事。

一、身上成《なり》候者は各別《かくべつ》、田畑をも多く持申さず、身上成かね候ものは、子供多《こどもおゝく》候はゞ人にもくれ、又奉公《ほうこう》をもいたさせ、年中《ねんぢう》の口すぎのつもりをよく〳〵考《かんが》へ申べき事。

一、屋敷《やしき》の前《まへ》の庭《には》を奇麗《きれい》にいたし、南《みなみ》むきを受《うく》べし。是《これ》は稲麦《いねむぎ》をこき、大豆《まめ》をうち、雑穀をこしらへ候とき、庭あしく候へば、土《つち》砂《すな》まじり候て、売《うり》候事も直段《ねだん》やすく、殊《こと》の外失墜《ほかしつつい》になり候事。

一、作《つくり》の功者《こうしや》なる人《ひと》に聞《きゝ》、其《その》田畑の相応《そうおう》したる種《たね》をまき候やうに、毎年《まいねん》心がけ申べき事。

附《つけた》りしつけみに作《つく》り候てよきものあり。

又《また》つくりにしつけみを嫌《きら》ふつくりもあり。作に念入《ねんいれ》候へば下田《げた》も上《じやう》田の作毛《さくもう》になり候事。

一、所《ところ》にはよるべく候得《え》ども、麦《むぎ》田になるべき所をば、少しなりとも見立《みたて》申べく候。以《い》来《らい》はれん〳〵麦田に成候へば、百姓のため大《おゝ》きなる徳分《とくぶん》にて、一郷《いちごう》麦田を仕立《したて》候へば、隣《りん》郷もその心付《こゝろづき》これあるものに候事。

一、春秋灸《きゆう》をいたし、煩《わづらひ》候はぬやうに常々《つねぐ》こゝろがけべし。何ほど作《つくり》に精《せい》を入度《いれたく》とぞんじ候ても、煩《わづらひ》候へば其年《そのとし》の作《さく》をはづし、身上潰《つぶ》し申ものに候間、其心得《そのこゝろへ》専一《せんいち》なり。

女房子供《にやうぼうこども》も同然《どうぜん》の事。

一、多葉粉《たばこ》呑《のみ》申間敷候。是《これ》は食《しよく》にもならず、結句以来《けつくいらい》煩に成《なる》ものに候。其上隙《ひま》もかけ、代物《だいもつ》も入《いり》、火《ひ》の用心《ようじん》もあしく候。万事《ばんじ》に損《そん》なるものに候事。

一、年貢《ねんぐ》を出《いだ》し候義《ぎ》、反別《たんべつ》にかけては壱反《いつたん》に何ほど、高《たか》にかけては壱石《いちこく》に何ほど、割《わり》付何ほど、付差紙《つけさしかみ》地頭代官よりも出し候。左《さ》候得ば耕《こう》作《さく》に精をいれよく作《つく》り、取実《とりみ》多《おゝ》くこれあれば、其身《そのみ》の徳《とく》に候。悪《あしく》候へば人しらず身上のひけに候事。

一、御年貢皆済《かいさい》の砌《みぎり》、米五升六升壱斗につまり、何とも仕るべきやうこれなき時、郷中《ごうちう》をかりあるき候へども、皆済時分《じぶん》たがひに米これなきよしかさゞるによつて、米五升壱斗《いっと》に子供《こども》又は牛馬《うしうま》もうられず、農道具《のうどうぐ》きる物《もの》など売《う》らんとおもへば、金子壱分《きんすいちぶ》にて仕立《したて》候を五六升にうるもにがく〳〵敷《しき》事に候。又うり物持《ものもち》もふさゞるものは、高利《こうり》にて米を借《かり》候はいよいよ失墜《しっつい》なる事に候。地頭代官より割付《わりつけ》出候はゞ其積《そのつもり》を仕。不足《ふそく》に付《つい》てはまへかど借《か》り候て済《すます》べし。前かどは借物《かりもの》の利足《りそく》もやすく、売物《うる》もおもふまゝなるべし。尤《もっともおさむ》納べき米をもはやく納べし。手前《てまへ》に置《をく》ほど鼠《ねづみ》も喰《くひ》、盗人火事《ぬすびとくわじ》其外万事《ほかばんじ》に付大きなる損《そん》にて候。籾《もみ》をば能《よく》ほし候て米にするべし。なまびなれば砕《くだけ》候てかん米立《まいたち》候。よく〳〵こゝろへあるべき事。

一、身持《みもち》を悪敷《あしく》いたし、其年の年貢不足に付、たとへば米を弐俵《にひやう》ほどかり、年貢に出し、其利分年々積《りぶんねんくつも》り候へば、五年に元利の米拾《じう》五俵になる。其時《とき》は身躰《しんだい》を潰《つぶ》し、妻子《さいし》をうり、我《わが》身をもうり、子孫《こまご》ともにながくくるしむ事に候。此義《ぎ》を能々考《かんが》へ、身持を仕るべく候。まへかど米弐俵のじぶんは少《すこし》のやうに存《ぞんじ》候へども、年々の利分つもり候へば、かくのごとくに候。扨又何とぞいたし米を弐俵ほどもとめ出し候へば、右の利分くわへ、十年目《め》に米百《ひやく》拾七俵もち候はゞ、百姓のために其有徳《そのうとく》なる事これなきや。

一、山方《やまかた》は山のかせぎ、浦《うら》方は浦《うら》のかせぎ、夫々《それく》にこゝろを付《つけ》、毎日《まいにち》ゆだんなく身《み》をおしまずかせぎ申べく候。雨風《あめかぜ》又は煩《わづらひ》隙入《ひまいり》候事もこれあるべき間《あいだ》、かせぎにてもふけ候もの、むざとつかひ候はぬやうに仕るべき事。

一、山方浦方には人居《ひとゐ》も多《おゝ》く、不慮《ふりよ》なるかせぎもこれあり。山にては薪材木《たきゞざいもく》を出《いだ》し柑類《かうるい》を売買《ばいく》し、浦かたにては塩《しほ》を焼魚《やきうを》をとり商《しやう》売《ばい》仕るに付、いつもかせぎはこれあるべきと存じ、以来《いらい》の分別《ふんべつ》もなく、たくわへ候物をも当座《とうざ》々々にむざとつかひ候ゆへ、きゝんの年《とし》などは里《さと》かたの百姓より一入《ひとしほ》迷惑《めいわく》仕り、餓死《うへじに》するものも多《おゝ》くこれあると相聞《あいきこ》へ候間、きゝんの年の苦労《くらう》つね〴〵わするべからざる事。

一、独《ひとり》身の百姓隙《ひま》入候か又煩《またわづらひ》田畑仕付《しつけ》かね候時は、五人組惣《ごにんぐみそう》百姓助《たすけ》やい、作《つくり》あらし候はぬやうに仕るべく候。次《つぎ》に独《ひとり》身の百姓田をかき苗《なへ》をとり、明日《あす》は田をうへべしと存《ぞんじ》候所《ところ》に、地頭代官の所、又は公儀の御《お》役《やく》にさゝれ、五日《いつか》も三日《みつか》も過《すぎ》候へば、取置《とりをき》候苗《なへ》もあしくなり、其外《そのほか》の苗も節立《ふしだち》、植時《うへどき》過《すぎ》候ゆへその年《とし》の作毛《さくもう》あしきゆへ。実《み》もすくなく、百姓たをれ候。田うへ時《どき》ばかりに限《かぎ》らず、畑作《はたさく》にもそれ〴〵の植時蒔《まき》どきの旬《じゆん》のび候へばつくりもあしく候。名主組頭此考《かんがへ》を仕り、独身百姓右《みぎ》申ごとく役にさゝれ候時は、下人《げにん》ども持《もち》よき百姓にさしかへ、独身の百姓を介抱《かいほう》申べき事。

一、夫婦《ふうふ》かけむかひの百姓にて身上《しんせう》もならず、郷中友《ごうちうとも》百姓に日頃《ひごろ》いやしめられ候ても、身上持《もち》あげ米金をたくさんに持候へば、名主おとな百姓をはじめ、言葉《ことば》にてもよくあひしらい、末座《ばつざ》に居《すへ》候ものをも上《しやう》座へなをし馳走《ちそう》仕るものにて、又前《まへ》かど身上よき百姓もふべん仕れば、親子《おやこ》しんるい名主組頭まてでも言葉をかけず、いやしむるものに候間、成程《なるほど》身持《みもち》を能仕るべき事。

一、一村《いつそん》の内《うち》にて耕作《こうさく》に精《せい》をいれ、身持をよくいたし、身上よきもの一人あれば、其まねを仕り、郷中のものみなよくかせぐものに候。一郡《いちぐん》の内にてさやうなる在所《ざいしよ》一村これあれば、一郡みな身もちをかせぎ候。左《さ》候へば一国《いつこく》の民《たみ》みな豊《ゆたか》になり其後《そののち》は隣国《りんごく》までも其《その》ひゞきあり。地頭はかわるもの、百姓は末代《まつだい》其所《ところ》の名田《めいでん》を便《たより》とするものに候間、よく身持をいたし、身上よく成候は、百姓の大《おゝ》きなる徳分《とくぶん》にてはこれなく候や。扨又《さてまた》一郷《いちごう》に徒《いたづら》なる無法《むほう》もの一人あれば、郷中皆《みな》その気《き》にうつり、百姓なかまの言事《いゝごと》たへず。公儀の御法度など背《そむき》候へば、其ものを奉《ぶ》行所《ぎやうしよ》へ召連《めしつれ》まいり、上下のぞふさ、番等《ばんとう》以下《いげ》の苦労《くろう》、一郷の費《つひへ》大きなる事、ものごと出来《でき》候はぬやうに、みな〱能念入《よくねんいる》べし。此趣《このおもむき》は名主たるもの心にこれあり、よく〱小百姓におしへ申べし。

附り隣《りん》郷の者《もの》をも中能《なかよく》、他領《たりやう》の者公事《くじ》抔《など》
　仕間敷事。

一、親《おや》に能々孝行《こうく》の心深《ふか》くあるべし。おやに孝行の第一《だいいち》は、其身無病《むびやう》にて煩《わづらひ》候はぬやうに、扨又大酒《おゝざけ》を買《かい》のみ、喧嘩《けんくわ》すき仕らざるやうに、身もちをよくいたし、兄弟《きやうだい》中よく、兄《あに》は弟《おとゝ》をあはれみ、弟は兄にしたがひ、たがいにむつまじければ、親ことの外悦《よろこ》ぶものに候。此趣《このおもむき》を守《まも》り候へば、仏神《ぶつしん》の御恵《おんめぐみ》もありて、道《みち》にも叶《かなひ》、作《つくり》もよく出来《でき》、とり実《み》も多《おゝ》くこれあるものに候。何ほど親に孝行のこゝろありとも、手前《てまへ》ふべんにてはなりがたく候間、なるほど身持をよく仕るべく候。身上ならず候へば、貧苦《ひんく》の煩《わづらひ》も出来、心もひがみ、又は盗《ぬすみ》をも仕り、公儀御法度をも背《そむ》き、しばりからめられ、牢入《ろういり》又《また》は死罪《しざい》磔《はりつけ》などにかかり候時《とき》は、親の身になりては、何ほどかなしくこれあるべく候。其上《そのうへ》妻子《さいし》兄弟《きやうだい》一門《いちもん》の者《もの》にも嘆《なげき》をかけ恥《はぢ》をさらし候間、能々《よくく》身持《みもち》をいたし、ふべん仕らざるやうに毎日《まいにち》毎夜こゝろがけ申べき事。

右のごとくにものごと念入《ねんいれ》身持をかせぎ申べく候。身上よくなり、米金雑穀《こめかねざうこく》をも持候はゞ、家《いへ》をも能《よく》つくり、衣類食物《いるいしよくもつ》以下に付心の儘《まゝ》なるべし。米金雑穀を沢山《たくさん》に持候とて、無理《むり》に地頭代官よりも取《とる》事なく、天《てん》下泰平《かたいへい》の御代《みよ》なれば、脇《わき》よりおさへとるものもこれなく、然《しか》れば子孫《こまご》までうとくに暮《くら》し、世間《せけん》きゝんの時も、妻子下人等をも心安《やす》くはごくみ候。年貢さへすまし候へば、百姓ほど心安きものはこれなく、能々此《よくくこの》趣《おもむき》をこゝろがけ、子々孫々《しゝそんぐ》まで申伝《つた》へ、よくよく身持をかせぎ申べきもの也《なり》。

慶安二年丑二月廿六日《けいあんにねんうしのにぐわつにじうろくにち》

右《みぎ》慶安二年、公儀より普《あまね》く触示《ふれしめ》され候御書《かき》付《つけ》に候。何方《いづかた》にてもさぞありがたく畏《かしこま》り奉《たてまつ》りし事たるべく候へども、歳月隔《としつきへだゝ》り候へば、今は知《し》る人もすくなかるべく候。かゝるありがたき御恵《めぐみ》の御趣意《しゆゐ》なれば、此《この》たび改《あらため》て当《とう》御領内《りやうない》へふたゝび諭《さと》し下《くだ》され候間《あいだ》、村々《むら〱》庄屋《せうや》組頭《くみがしら》より小百姓《こびやくせう》まで、この旨《むね》をもつて朝《あさ》ゆふ怠《おこた》りなく、面《めん》々能身《よくみ》をもち、農業《のうぎよう》精出《せいいだ》し候はゞ、此末《すへ》たとひ年柄《としがら》よからぬ時《とき》ありとも、御年貢《ねんぐ》滞《とゞこふ》りなく、家族《かぞく》も寒餓《こゞへうゆる》には至《いたる》まじく候。但《たゞし》多葉粉《たばこ》の事は、昔《むかし》は禁《きん》たりしが後《のち》ゆるされて、今は一統《いつとう》の風俗《ふうぞく》となり、貴賤《きせん》とも日用《にちやう》のものと成《なり》候。しかれども成《なる》べきたけのまざるにしくはなく候。扨《さて》たばこよりも害《がい》の甚《はなはだ》しきは酒《さけ》にて、第一《だいいち》怠《おこた》りを生《せう》じ、奢《おご》りを長《てう》じ、喧《けん》嘩口論《くわこうろん》もこれより起《おこ》り、身をも家《いへ》をも喪《うしな》ふにいたるは此ものにて候。祭礼祝儀《さいれいしうぎ》老人《ろうじん》病者《びやうじや》の養《やしない》は格別《かくべつ》に候へども、年若《としわか》きもの決《けつ》して飲過《のみすぎ》すべからず。仍《よつ》て今こゝに添《そ》へて諭し置《をき》候。総《すべ》て当御領内の民《たみ》たるもの此御書付之旨《むね》能々《よく〱》心得べき事肝要《かんよう》に候。村々へ頒《わか》ち与《あと》ふるには教多《あまた》書写《しよしや》すべければ、おのづから誤《あやまり》字《ぢ》脱《ぬけ》字《ぢ》もあらんことを恐《おそ》れて板《いた》に刻《きざ》むもの也。

文政十三庚寅年三月

松浦静山は隠居の身ながら、平戸藩の領民のために、文政十三（一八三〇）年、「慶安の御触書」発布以後二百年近い年月を経て再版したのである。江戸時代の領民に対する御触書が、長年月にわたりどれほどその精神構造に深く影響したかを知ることができる。秋月《あきづき》藩でも藩独自の「御定書」の第一に、「慶安の御触書」の諭を心得べし、と領民に触れている。

5　幕府法と藩法

前項で述べた「公事方御定書」は、奥書に「奉行中の外、不可有他見者也」とあり、公開されることなく秘密法典とされ、評定所《ひょうじょうしょ》一座の勘定奉行、寺社奉行、町奉行ならびに京都所司代、大坂城代以外には他見を許されず、御定書による行刑は江戸を中心とする関州ならびに京・大坂周辺の諸国に限られた。

また、幕府の直轄地であった天領では、遠国支配のため郡代や代官を置き、租税の徴収、訴訟の裁きなど民政全般に当たらせた。長崎も直轄地として長崎奉行を置き支配した。森永種夫著『犯科帳』によれば、遠国支配の法令は「万事江戸ノ法度ノ如ク」とされ、幕府法が遵守された。おそらく天領日田《ひた》も幕府法に拠ったと考えられる。遠国奉行の手に負えない重罪については、幕府に「御仕置伺」を出し下知《げち》を受けて行刑した。

他の全国の各藩でも幕府のお仕置を判例としたが、次第に幕府法に対して独自の藩法をもつに至った。そのため藩の刑罰は幕府と同じであったわけではない。直方藩がどんな藩法をもっていたかは定かでないが、『福岡県警察史』（以下『県警史』と略記）には、秋月藩では文化十三（一八一六）年に「御定書」三十五カ条が「郡々百姓共、厳重に相守るべし」として、同時に町民に対する「御定書」二十二カ条も「市中の者共厳重に守るべし」として制定されたことが報告されている。他の行刑史研究書においては、江戸期の刑罰についての内容のほとんどが江戸奉行を中心としたもので、吟味、牢、処刑などいずれの説明も小伝馬町《こでんまちょう》の牢・遠島の手続き、遠島地あるいは人足寄場《にんそくよせば》などであり、各藩における刑罰について考究する時にあまり参考にならない。その点、『県警史』における福岡藩江戸末期の犯科についての研究は貴重である。

以下、秋月藩の「御定書」を掲げ、幕府法との関係の資料としたい。なお秋月藩は、福岡支藩として藩祖長政の四男長興《ながおき》が初代藩主となり、明治維新の廃藩置県まで続いた。

定

一　公儀御法度之趣、堅可相守候、就中慶安二年御触書御諭之趣、大小之村役以下、小百姓ニ至迄、能々可相心得事

一　百姓とも常々親に孝を尽し、家内近隣に睦しく、耕作一筋に心懸候儀、専要なり、惣して耕作之事、其時候に後れさる様、力を尽すへし。平常百姓に似合さる所行をなし、或は遊興に耽り、いたつらに日を送り、持抱之田畠作り荒し候儀於有之者曲事たるへき事

一　切支丹宗門御禁制之事、兼々中達候通、堅く相守へき事
一　隠田畝違之類、偽をかまへ候儀、堅く有へからす。自然右様のものあらは、ひそかに訴出べし。重く褒美すへし。若存なから隠置、後日顕るるにおいては、同罪たるへき事
一　博奕之儀、兼々中達候通、堅く令停止候。並賭之諸勝負事、決て仕へからす。是皆風俗をそこなひ、家を破り、身を失ふ之本にて、万之悪事、是より生る事に候。厳く禁絶すへき事
一　百姓とも徒党を催し、又は打返し、狼藉等之事、堅く停止に候。並喧嘩口論等無之様、相慎へし。自然有之候節其村中として制へし。猥に大勢馳集るへからさる事
一　村々庄屋共、村中風儀第一に相示、万事依怙贔負なく、正路に取捌へし。惣して年貢其外諸勘定之儀、明白に取計、百姓とも疑さる様に仕候儀、専要なり。自然私之取計於有之者、曲事たるへき事
一　年貢収納之儀は、正路に相心得、速に皆納仕候様心懸べき事
　附　年貢皆納せざる内、私之差引仕べからざる事
一　田畠抜売、かたく停止に候。自然右躰之儀於有之者、庄屋村役之者迄、越度たるべき事
一　田畠を子供兄弟に分遣す事、猥に仕べからず。尤不得止事分遣に於ては、筋々申出べき事

附　四半名以下之小高持抱候者は、分遣儀停止之事

一　百姓共其身の産業をすて、市中に出商人に相成儀、停止之事

一　往還筋指免候場所之外、村々にて商売店売、一切停止に候。惣して百姓の本業を忘却仕り、町人之風儀似せ候儀、堅く禁る事

一　諸商人村中へ入込候儀、日用諸品之外、部立候商物令停止事

一　往還筋有来之外、新地に家作仕候儀、堅停止に候。惣して往還筋之外たり共、すべて田畠を潰し、新地に家作之儀、猥に仕べからず。尤無余儀新地に家作仕候はは、申出べき事

一　百姓とも願事あらば、一切其筋に就て、申出べし。或は内縁により、又は他役に申出におゐては、一切取上べからず。若故なふして、願筋相滞に於ては、其次第目付筋へ申出べし。惣して願事、大勢相催、申出におゐては、たとひ理筋之事たり共、取上べからず。願事あらば、一両人として、筋々に就て、申出べき事

附　私之望を遂んがため、まひないを用候儀、かたく禁る事

一　村々田畠川成、荒地に相成候場所は、油断なく起方取計べき事

一　村々不用之野地あらば、開仕べし。自力に開候はば、追て折合候上、徳米納めしむべし。尤目前之益になつみ、古田の障に相成候儀、かたくなすべからざる事

一　新規之社堂、建立之儀、堅く停止に候。並新規之事かわりたる神事仏事、執行べからざる事
　附　村々小き社堂、庚申塔之類たり共、以後新地に建候儀仕間敷事
一　村々有来之神事は、誠を尽し、入念執行べし。並神社荒ざる様に、心付べき事
　附　仏事之儀も、信心を宗とし、無用之財用を費すべからざる事
一　老人幼少又は病身等にて、自分之渡世成がたく、外見継べき親類も無之者は、村中としていたわり、飢寒に及ばざる様に心付べし。其上にても、力及かたき者は、申出べき事
一　産子養育之儀は、人道重き事に候。堅了簡違仕べからず。常々村役之者ともは不及申、相互に心を付べき事
一　百姓とも家作衣類飲食等之事、其身の分限を相弁へ、聊も分に越たる儀無之、質素省略之儀、堅相守べき事
　附　百姓とも、町家之家作に似せ候作事、仕間敷事
一　村々男女共、猥りに他国に出すべからず。若故ありて、払出すにおゐては、其次第申出べし。並村々之他国より入人之儀、判元別て念入べき事
一　村々他所旅人、猥に召置へからず。並旅人たりとも、耕作之望有之、其外無拠留置度次第於有之者、申出へき事

附　村々へ歌舞伎役者之類、並見世物一切留置へからさる事

一　山林竹木、猥りに伐取へからす。惣して請持之山々、荒さる様に常々心懸、植立へき事

附　山々大木之根まで、ほり取候儀、停止之事

一　川々土手筋、聊もほり損すへからず。常々其懸りの村々厳重に心得へし。平常つよみに相成候竹ときわ類、植込へき事

一　往還筋道幅かたく狭むへからす。且道橋大破に及はさる様に其懸り之村々より、常々怠りなく手入仕へき事

附　作道たり共、道幅狭め候儀、停止之事

一　百姓共、升つかひ之儀、兼て定之通、福岡にて製作之升を、相用へき事

一　隣国境目之村々、他領に対し、不法之儀無之様に、常々念入へし。並福岡領境目の村々、猶又常々掛り合之儀、念入へき事

一　宿駅有之村々、旅人通行之節、人馬等差支なき様取計、惣して風儀宜相心得、通行せしむへき事

一　百姓とも諸士中に対し、無礼之所行仕へからず。並旅人に対し、不法之儀無之様に、慎むへし。就中鑓をも持せる旅人に候はは、猶更ていねいに可仕事

一　諸士中領地之百姓とも、地頭を後楯に仕、勢をかり、願事其外之儀も、法外之次第於有

之は、曲事たるへし。去はとて地頭之儀は、常々麁略に心得へからさる事
一　百姓とも猥りに牛馬に乗へからす。秋月一里方は、かたく停止之事
一　百姓とも脇差指免候者之外、一切脇差帯すへからさる事
一　村々郷筒始、兼て鉄砲免置候者之外、鉄砲取扱候儀、停止之事
右御定之条々、郡々百姓共、厳重に相守へし。若相背候輩於有之は、咎之軽重に従ひ、罪科に処せらるへき者也。
　仍下知如件
　　文化十三年子九月

このような藩独自の藩法は、小倉藩などにも御触書として見られる。

6　直方領の犯科一覧

「萬年代記帳」における直方藩最後の藩主長清に関する記録は、正徳四（一七一四）年から享保五（一七二〇）年までの六年間にすぎない。その間、犯科に類する記事はほとんどない。藩主と領民との関係を窺うことのできる次の如き記事がある。

殿様七月に御病気遊ばされ候に付、村々より天照《てんしょう》宮へ御立願千度の御祓い御立願申し候、九月に御清快遊ばされ、長崎へ御越し遊ばされ候、同廿九日御帰り遊ばせられ候て、十月十七日に御樽肴仰せ付けさせられ、山崎村へ高打にて酒弐升壱合参り候、村中打寄りたのしみ悦び申し候

さらに、江戸参勤中の殿様病気とて、

殿様江戸にて御煩遊ばされるに付、触中御祈禱天照宮へ千度の祓い仕り候事、享保五年正

月廿五日

とあり、領民は藩主の御快気を願って触中で天照宮に千度のお祓いをして願ったが、それも空しく、藩主は翌月卒去し、その報は三月六日に新山崎村に届いた。直方藩には嗣子がなく、以後福岡藩支配となる。新山崎村に長清が訪れたのは三度にすぎない。豊作に恵まれた年でもあったが、殿様と領民の心が通じ合う平和な村であったと想像される。農民一人一人の心の中に長清は存在したのであろう。目立った犯罪もなく、ひたすら藩主の平癒を祈ったのである。

福岡藩直接の支配になってから、領民との距離が地理的にだけでなく心情的にも離れていったのか、犯罪が激増していく。享保期のさまざまの改革もあったが、打ち続く凶作に農民の窮乏はその極に達し、土地は荒れ、貧苦にあえいだ。

二代にわたる庄屋甚吉が生きた時代の世相は、身近な殿様として存在した長清の卒去と遠く離れた福岡五十万石の殿様継高との隔たり、継高と将軍吉宗との施政方針、打ち続く凶作による農民の貧窮など、二重三重の因果がもつれ合っていたように思われる。そのような江戸中期の一隅にあった新山崎村のさまざまなもつれを解きほどくように、役儀大切に勤めあげた二人の庄屋の誠実さに心を打たれる。

「萬年代記帳」における主な犯科一覧

和暦	西暦	犯（罪）	科（罰）	藩主	庄屋
正徳4	一七一四	粟盗み取り	山部入牢	四代長清	二代甚吉
享保5	一七二〇			四代長清	二代甚吉
7	一七二二	盗人布子弐つ取り	犯人分からず	六代継高	二代甚吉
		盗人籾、そば、銭、卵、すみ袋共に盗み取り	〃	六代継高	二代甚吉
8	一七二三	竹の子御法度	おしかり	六代継高	二代甚吉
11	一七二六	観音坊主麦押刈	お理《ことわ》り	六代継高	二代甚吉
12	一七二七	払切米不埒	切腹	六代継高	二代甚吉
16	一七三一	代官下代宿米不正	橋口入牢後五里四方追放	六代継高	二代甚吉
		松の木盗み取り	斗蔵*後科銀七両	六代継高	二代甚吉
17	一七三二	飢人各地に多数押しかけ	直方牢斗蔵	六代継高	二代甚吉
18	一七三三	楠盗み取り	お理り	六代継高	二代甚吉
		百姓村替願	村追放	六代継高	二代甚吉
元文2	一七三七	大庄屋若松払米不詮議	三郡大庄屋牢舎七日間	六代継高	二代甚吉
4	一七三九	田地仕居不詮議	大庄屋郡追放	六代継高	二代甚吉
		新検地の折武士の争い	切腹と成敗	六代継高	二代甚吉

＊藩主の四代長清は直方藩、六代継高は福岡藩

元文4	一七三九	庄屋代官所召し出しに不参	釘付と役儀召し上げ	六代継高	二代甚吉
		庄屋御救米不正	国中引き廻し		
		罠指《わなさし》	橋口牢		
		瀬別当致方悪敷	遠島（大嶋）、五年後恩赦		
		竹切り盗み	科銀		
		牛盗み	鉄砲にて御打ち		
		塩屋女房絹布着用	釘付・お理り		
5	一七四〇	壱作竿入	御預け・お理り		
		公事者遠島	遠島（大嶋）		
		年貢米上納仕組	遠島		
		馬屋別当	遠島（姫島）後三里遠慮		
寛保元	一七四一	田の草荒し咎め	お預け		
		牛馬銀私欲	橋口牢		
2	一七四二	盲目安	郡追放		
		六部《ろくぶ》（順礼）殺し	橋口牢後成敗		
3	一七四三	山上り庄屋不才判《さいはん》	役儀召し上げの上晒し		
		願事に付御咎め	村々引き廻しの上郡追放		
		田地仕居に付	橋口牢		
		殿様御厄晴《やくばれ》に付	恩赦		

延享元	一七四四	若松払御米粗末	庄屋棒縛り晒し	六代継高	二代甚吉
		草荒不才判	庄屋棒縛り晒し・闕所《けっしょ》		
		馬銀不正	国中引き廻し		
		往来札なし	額入墨・科銀・お預け		
		宝剣預り入質	質入れ侍衆入牢・闕所		
2	一七四五	帆牛和尚へ乗り打ち	扶持・役儀召し上げ		
		庄屋身上のこと目安	額入墨		
		雉塒《とや》掛け	科銀		
		帆牛和尚一件	入牢・役儀召し上げ		
		山目付へ乗り打ち	引き廻し		
		庄屋私欲	役儀召し上げ		
		帆牛和尚一件	追払い		
		竿入改め	木屋瀬牢		
		悪天候故代籾上納願不許	庄屋手錠おろし		
		鶴打ち、召し捕らる	入牢・科銀		
3	一七四六	御年貢大豆盗み	木屋瀬牢・入墨・引き廻し		
		高役相叶不申	木屋瀬牢・追放		
		南良浦作平女房打ち殺し	木屋瀬牢・秋月牢・成敗		
4	一七四七	上境橋損じに付	木屋瀬牢		

延享4	一七四七	盗人宿	お預け	六代継高	二代甚吉
		往還請方道無掃除	木屋瀬牢	六代継高	二代甚吉
		郡屋守不埒の儀	木屋瀬牢・入墨・引き廻し	六代継高	二代甚吉
		牢破り（橋口牢破り）	脱牢者逃走	六代継高	二代甚吉
		犬遣い武士落馬	木屋瀬牢・科銀	六代継高	二代甚吉
5	一七四八	未進	木屋瀬牢	六代継高	二代甚吉
		庄屋私欲	入牢・触中引き廻し・追放	六代継高	二代甚吉
		役目未進	触中引き廻し・科銀	六代継高	二代甚吉
寛延元	一七四八	田荒し	木屋瀬牢・お預け	六代継高	三代甚吉
2	一七四九	水争い	役儀召し上げ	六代継高	三代甚吉
		庄屋ケ条目安	木屋瀬牢	六代継高	三代甚吉
4	一七五一	年貢納方不埒	役儀召し上げ	六代継高	三代甚吉
		水争い	木屋瀬牢	六代継高	三代甚吉
宝暦2	一七五二	宿馬仕組不宜	木屋瀬牢	六代継高	三代甚吉
		牢人匿う	庄屋役儀召し上げ	六代継高	三代甚吉
		御当職御暇	知行召し上げ・闕所	六代継高	三代甚吉
		櫨盗取他国売	国中引き廻し	六代継高	三代甚吉
		御当職吉田家一統咎	役儀召し上げ	六代継高	三代甚吉
		御当職に連座	手錠おろし・橋口牢	六代継高	三代甚吉

3	一七五三	切支丹騒動	注進せず	六代継高	三代甚吉
4	一七五四	流人島扶持不埒	木屋瀬牢		
		盲僧外連座	木屋瀬牢・橋口牢		
6	一七五六	大豆銀	橋口牢		
7	一七五七	年貢未進	四郡引き渡し・郡追放		
		御塒障り	役儀御免		
		年貢取り立て不埒	お預け		
8	一七五八	庄屋私欲	役儀召し上げ		
		本城村村公事	木屋瀬牢・科銀		
		盗人宿	木屋瀬牢・郡追放		
11	一七六一	盗人宿	木屋瀬牢・追放		
		大庄屋と庄屋私欲	役儀召し上げ・遠島		
12	一七六二	若殿《（重政）》様御卒去恩赦	恩赦		

＊斗蔵とは、村の年貢上納米を一時保管するための村蔵を指す。多くの場合、庄屋の屋敷内にあった。

7 「萬年代記帳」における刑罰

「萬年代記帳」における刑罰は、すべての犯科について記述されてはいない。例えば盗人事件で盗品のありかや買い取った者などを調べても捕えることができなかった犯罪や、刑罰が有耶無耶《うやむや》に葬り去られたもの、迷宮入りの犯罪など省略したものもある。

武士の犯科においては、その犯罪の内容について農民たちには公開されなかったのであろう。甚吉もただ「私欲による」などと記している。武士の犯科は「武家諸法度」を根拠としていたので、「御定書百箇条」はそのまま適用されなかった。

以下、「萬年代記帳」における刑罰について述べる。刑種と刑種別の件数は表のとおりである。

切 腹

庄屋甚吉が記録した切腹に類する事犯は、三件四人の武士である。一件は「払切米不埒」につき二人の武士が「切腹成られ候」とあり、他の二件は、代官との論争や喧嘩争いの挙句

「萬年代記帳」における刑罰内訳

	刑種	件数
生命刑	切腹	3
	成敗	4
身体刑	入墨	5
	鼻そぎ	1
	敲	0
自由刑	遠島	7
	追放	15
	戸〆、釘付	2
	預	12
	手鎖おろし	2
	晒し	4
	入牢	42
	引き廻し	10
	禁足	3
財産刑	闕所	1
	科銀	9
身分刑	非人手下	0
	一宗構	1
栄誉刑	役儀取上げ	22
	お理り、叱	13

「切腹致され候」と記している。「切腹仰せ付けられ候」ではないことに留意したい。切腹といえば赤穂四十七士の切腹を連想するが、四十七士は「切腹を仰せ付けられ」たのであり、「公事方御定書」には切腹はなく、上級武士に対する閏刑であった。

新戸部稲造の『武士道』においては、切腹は一つの法制度、儀式典礼であるとともに、時には濫用されて死に値すべき理由もないのに飛んで火に入る虫のように死を急いだとも言い、武士の名誉のあり方について述べている。

三件中の一件は、「払切米不埒」につき私欲による曲事《くせごと》として自責の念から腹を切ったのであろうが、他の二件は、武士同士の口論や怨恨によるもので、武士の命の〝大切さ〟を考えさせられる。武士の切腹は「武家諸法度」による処刑であり、庄屋甚吉の与《あずか》り知らぬことであった。

成《せい》敗《ばい》

「成敗」という言葉は「公事方御定書」にも藩法にもないが、

切腹の図（『江戸時代 刑罰風俗細見』〔小野武雄編著，展望社〕より）

「萬年代記帳」には四件ある。別項で詳しく述べるが、成敗の事犯として、南良浦《ならうら》の女房が強盗殺人のために非業の死を遂げるが、この犯人は成敗された、とある。庄屋甚吉も成敗の現場を見たわけではないから「成敗仰せ付けられ候由承り候」と記した。「御定書百箇条」五十六に「盗人御仕置」とあり、盗人に対する御仕置について、「人を殺し盗みいたし候者　引き廻しの上獄門」と記されている。

南良浦女房殺しの重罪犯の成敗は、この仕置通り獄門であったろう。獄門は、獄内で斬首し、捨札《すてふだ》（罪状処刑などを略記したもの）を立て、

左＝獄門（『日本行刑史』〔滝川政次郎著，青蛙房〕より）
右＝死罪・斬罪（『江戸時代 刑罰風俗細見』より）

晒場《さらしば》に二夜三日の間梟首《さらしくび》を獄門に懸けたことから刑名となった。

遠島《おんとう》と恩赦《おんしゃ》

島流しである。死罪につぐ重刑であり、江戸奉行管轄では主として伊豆七島など、京・大坂奉行管轄では奄美諸島などへ送られることが多かった。福岡藩では大島、姫島、小呂島《おろのしま》、玄界島《げんかいじま》などへ流した。相《あい》ノ島は朝鮮通信使の寄港地であったので除かれた。他藩領内の島に流すことはない。

江戸初期の島流しにおいては、幕吏は流人を島に追い上げるだけで、島での生活は全く見てやらなかった。流人中で読み書きのできる者、大工や左官などの技をもった者は重宝がられることもあったが、多くの流人はただ死を待つだけであった。

江戸中期以降、流人の生活に考慮を払うようになり、森鷗外著『高瀬舟』の主人公喜助は、「こん度、島へお遣《や》り下さるにつきまして二百文の鳥目《ちょうもく》〔銭《ぜに》のこと〕を戴きまして」と喜び、流人船の出航する大坂まで高瀬舟で淀川を下っていった。当時、流人には親戚の者などの差入れや仕送りが認められていた。

下新入《しもしんにゅう》庄屋助市、大嶋《おおしま》流人島扶持不埒の由、島奉行衆より御公儀へ仰せ出られ候に付、木屋瀬入牢仰せ付けられ候事、宝暦四〔一七五四〕年六月十四日より七日程牢舎仰せ付けられ候、大庄屋九郎五郎殿福岡へ罷《まか》り出られ、次にては南良津《ならづ》庄屋弥助、触中庄屋惣名代へ罷り出、御理《ことわ》り申し上げ候処、出牢仰せ付けられ、役儀も右の通り相詰候様に仰せ付けられ候

流人を出した村は「流人扶持《ぶち》」として負担をしなければならなかった。科のもととなった「島扶持」とは流人の飯米のことで、郡の修復米から出すが、一カ村に関する犯科であれば村の負担とし、下人の場合は主人が出す（『鞍手町誌』）。また、「公事方御定書」には「遠島者再犯御仕置の事」とあり、「島を逃げ候者、その島において死罪」と定められていた。玄界島や姫島に流された者が舟を盗み島破りをした犯科も多く、それらはすべて死罪になっている。

遠島に処せられた者には刑期はなく、「恩赦」の時だけ、配流《はいる》の一定期間を過ぎた者や改《かい》悛《しゅん》の情深い者などに限られた。

次の例がある。

殿様御厄晴《やくばれ》に付、牢舎の者・遠島流人帰参仰せ付けられ候事、寛保三〔一七四三〕年五月の事

藩主継高の四十二歳の厄年にあたり、厄晴れのため流人帰参となった。

また、次の事例もある。

若殿〔重政〕様御卒去遊ばされ候に付、大嶋遠島仕り候知古《ちこ》村より両人・太郎丸元庄屋、帰参仰せ付けられ候事、宝暦十二〔一七六二〕年八月の事

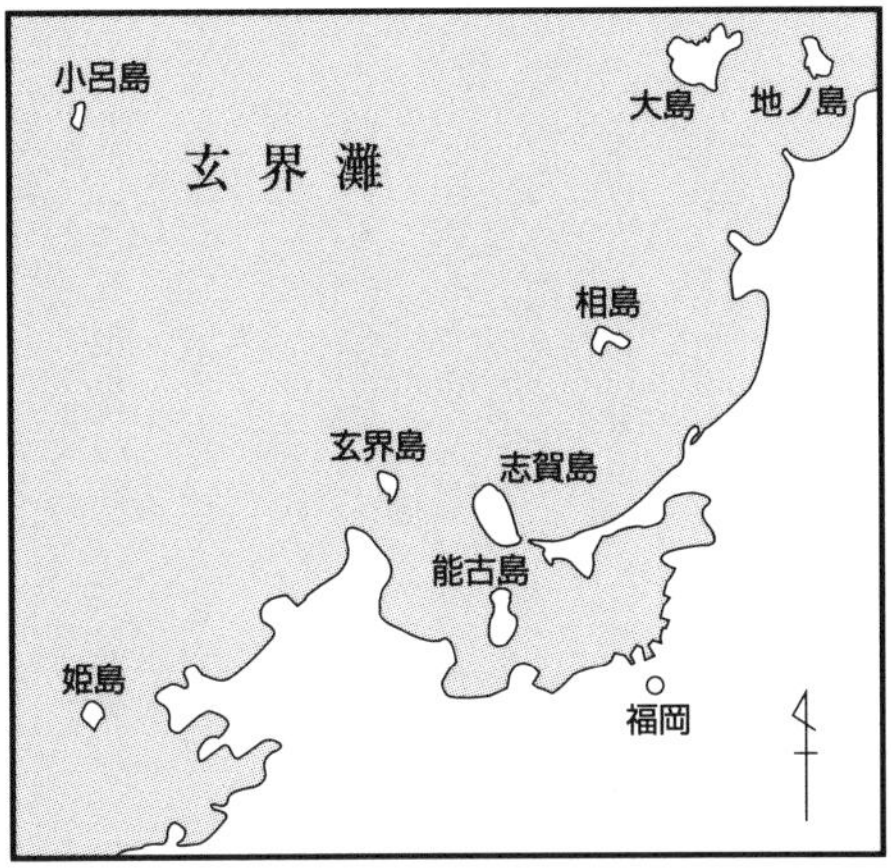

玄界島，姫島位置図

入《にゅう》牢《ろう》

入牢という犯罪の処理が一番多い。江戸時代の入牢は、現在の刑務所における懲役《ちょうえき》や禁固《きんこ》とは異なり、未決の犯人を一時収容し、詮議の上有罪と決まれば過料を科したり、追放刑に処したりした。牢には「斗蔵」、「入牢」とかの用語が用いられていることがある。庄屋の判断で入牢させることもできたので、庄屋方の年貢米収納時の米蔵に一時閉じ込めていたということもあろう。入牢の者は大部分木屋瀬牢に入牢の上、郡代や奉行による詮議の上、判決が決められた。

『県警史』によれば、福岡藩の牢屋は次のとおりであった。

牢屋　桝木屋《ますごや》浜、橋口《はしぐち》町
溜《ため》　早良《さわら》郡、糟屋郡
揚《あげ》屋　地行浜《じぎょうはま》、伊崎《いざき》
郡牢　各郡

このうち桝木屋浜は武士の牢屋、橋口町は一般領民の牢屋であった。橋口牢は福岡にあり、現在の中島橋の西側の河岸、勝立《しょうりゅう》寺の近くにあった。かなりの重罪犯でほとんどの犯人は郡牢の木屋瀬牢に一時収監され、詮議の上橋口牢に入牢させられることが多かった。その移送の時には村から庄屋や組頭が同行させせられた。前出一覧表中の入牢数は入牢者数と一致しない。触中の庄屋全員入牢や三郡大庄屋入牢とか数名、また多数の場合は分散入牢させられているからである。「溜」は入牢中の病人や妊婦などを収容した。「揚屋」は僧や神官、武士の未決者などを収容したという。郡牢は木屋瀬にあり、その跡が残っている。

「萬年代記帳」における木屋瀬入牢数は二十件以上に上り、事件によっては集団で入牢することもあり、入牢者数は百人を超える。木屋瀬郡牢の権限を超える多くの犯罪人は橋口牢に送られ、詮議された。郡牢の管理や入牢を命ずることができる者などについて、次の事例は参考になる。

水原大庄屋才助、御郡代河原林平右衛門様封を付けこれ有り候木屋瀬牢の錠を明け、湯原《ゆばる》馬苦労《ばくろう》与平入牢致され候に付、御郡代様きびしく御腹立ち、其の段御上へ仰せ上げられ候処、才助方を封付にて山口《やまぐち》山より竹持出し外向垣結い廻し、人馬出入りもこれ無き様に致され候事、宝暦九〔一七五九〕年七月の事、〔略〕段々御理《ことわ》りに触中より罷り出候処、以前の通り埒《らち》明《あ》き、大庄屋請持仰せ付けられ候事、八月末の事

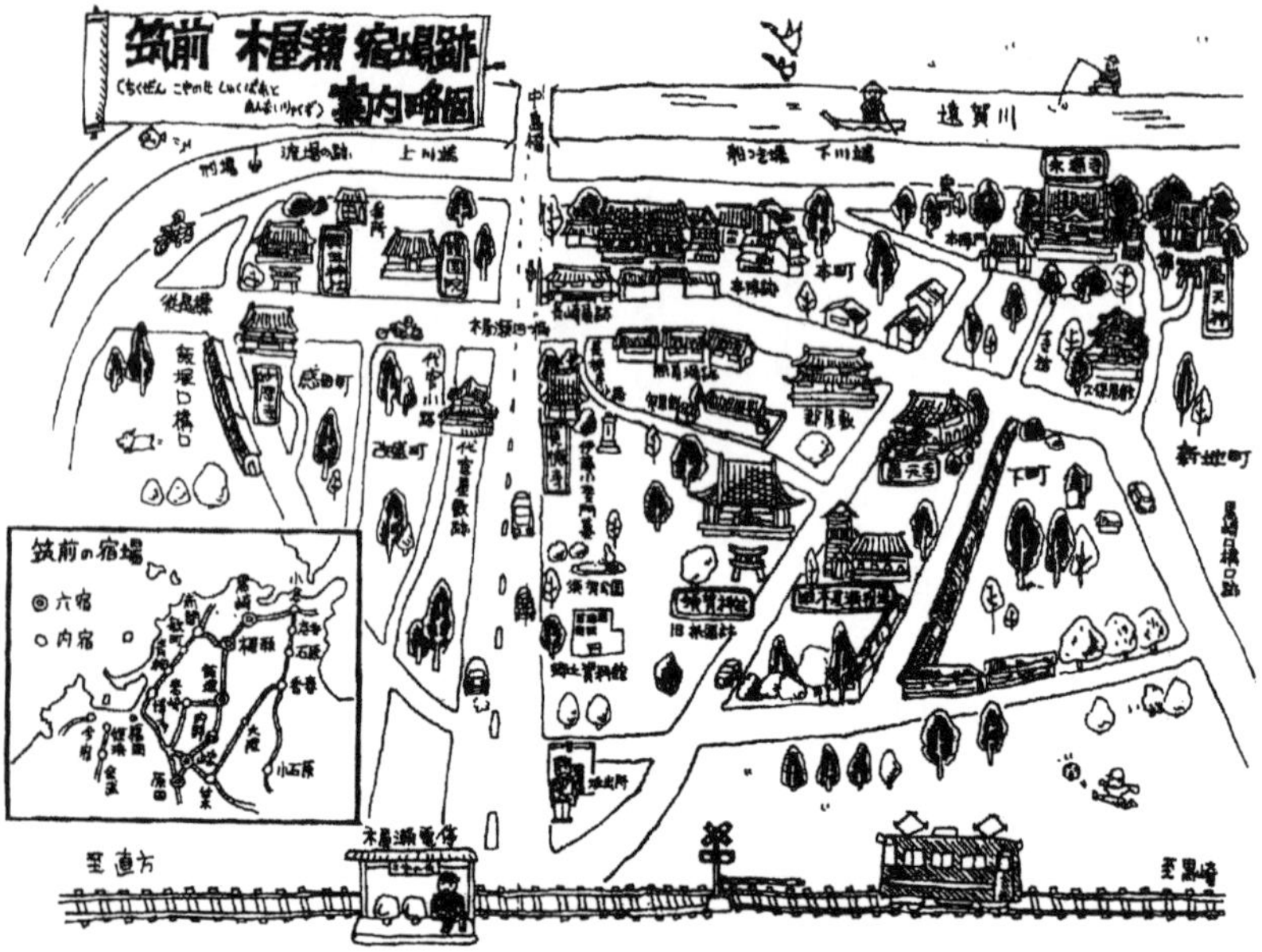

木屋瀬宿場跡の図（旧北九州市立木屋瀬資料館時代に作成された案内図）

庄屋、大庄屋は領民の狼藉者らに対して入牢をさせる権限はあったが、村の年貢収納蔵などが利用され、濫用されることはなかった。水原の大庄屋才助は、御郡代が封をしていた木屋瀬牢の錠を開け、湯原の博労与平を勝手に入牢させた。しかし、これは郡牢の管理責任者の権限を侵す行為であり、大庄屋は閉門され、山口山の竹矢来で囲われ一月余りも出入りできなかった。

なお、入牢で注目すべきことは、橋口牢、桝木屋浜牢が、いずれも遠島の者が島送りされる時、流人船の着岸しやすい場所に設けられていたことである。流人を送る船には頑丈な船牢が設けられ、遠島を申し付けられた者はその都度指定の遠島先に送られるわけだが、手数がかかることから、おそらく数名の罪人を数珠つなぎにして流人船で搬送したであろう。

入墨

享保五（一七二〇）年、江戸の北町奉行で入墨の刑に処せられたのが始まりとされる。十本程束ねた針で腕に横線一寸五分程の筋を彫り、墨を擦り込んだ。各地各藩で入墨の図柄が違っていたので、入墨をされた科人《とがにん》の出身地も判明したという。

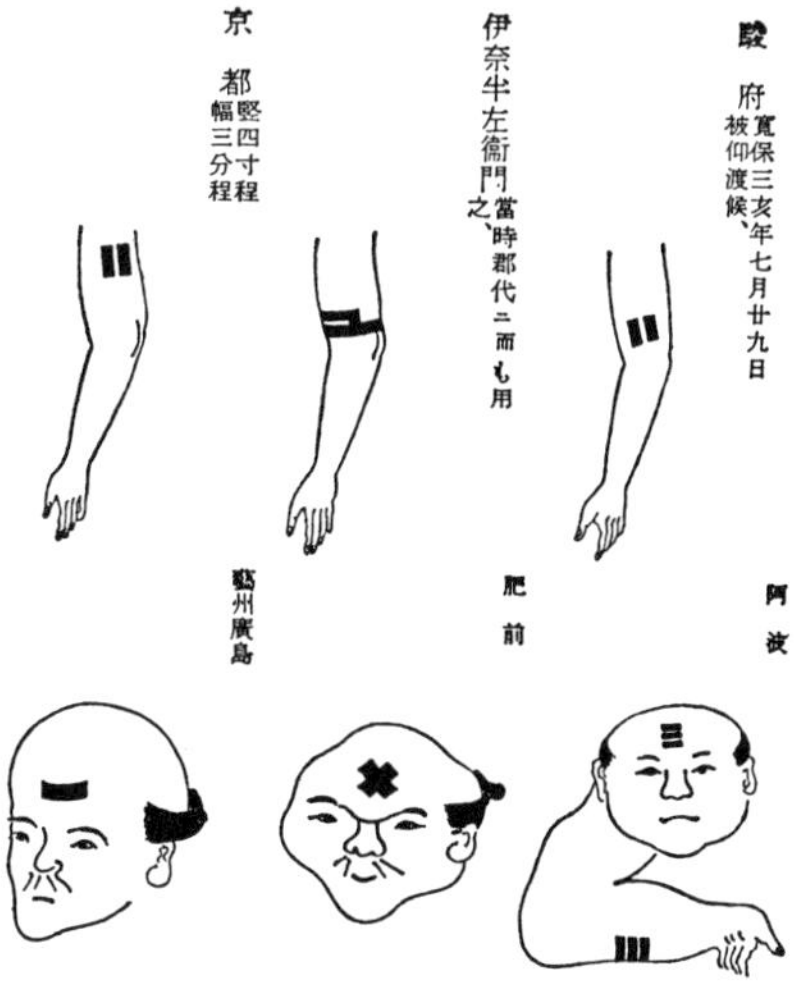

『徳川禁令考後集』に見る入墨の図（『江戸の刑罰』〔石井良助著，中公新書〕より）

入墨は獄吏によって入れられる。昏倒するほどの激痛を伴い、腫れたり化膿することもあり、犯人が牢の溜《ため》で養生することもあった。

入墨後、前科を隠そうとして腐薬を使ったり、もぐさで焼いたり、花柄模様で分からないようにするなど入墨を消したりする者もあったが、それらは重犯となり、入墨の入れ直しの厳しい罰を受けた。

幕府法では腕に入墨をしたが、福岡藩

や肥前などは藩法によって額に入墨をした。額は皮肉が薄いので苦痛は腕よりも少なかったかも知れない。

追　放

追放とは江戸期の刑名で、重追放、中追放、軽追放などがあり、罪人の居住地から追放するものであって、士民双方の正刑であった。「萬年代記帳」にも直方領の刑罰として頻出する。

木屋瀬郡屋守惣七、惣体郡屋万端元締不埒の儀これ有り、〔略〕御詮議の上、同所入牢仰せ付けられ候事、〔略〕惣七出牢の上、郡中引き渡し仰せ付けられ、高村幸右衛門様御手付真鍋市郎殿御添い成られ、御廻り成られ候、惣七儀は入墨にて木屋瀬追放仰せ付けられ候、惣七儀直方弟の所へ参り候

郡屋とは郡内の村役人の集会所であり、筑前六宿の宿駅にはいずれの宿場にも置かれ、参勤交代の各藩の大名の通行をはじめ交通の激しい宿場の運営に関わる重要な機関であった。この郡屋守に惣体《そうたい》（すべてのこと）について不埒なことが多かったのであろう。この事件の

前月にも、長崎奉行お泊りの折にも不埒のことが多く、「もっての外」であると御供廻りの者が腹を立てる事件があった。郡屋守という重職にありながら居住地を追放され、付加刑として入墨までされている一例である。

追放には、罪科によって「村追放」、「郡追放」、「五里四方追放」などがあり、引き廻しの上追放とか、入墨の上追放、家財没収、（闕所）の上追放とか付加刑が科せられた。これらの追放刑に期間がつけられたかどうかは分からない。村追放の者が立ち返り、役人に見咎められても「墓参りに来た」と言えば見逃されたという話もある。

村追放された者は居住地の村の人別帳《にんべつ》（村の家数、人数、性別、年齢、宗旨などを書き上げた帳面）から除かれ、いわゆる無宿者となったが、他村や他郡で無頼の行為をなす者が多く、他藩や他郡に迷惑が及び、相互に厄介事を抱えることになるので各藩が自粛し、科銀でもって追放刑に代えることが次第に多くなったという。

引き廻し

江戸期の刑において単独の刑ではなく、死罪や遠島などの重罪に対する付加刑として見懲《みごらし》のための刑であった。江戸町奉行の場合、斬罪に処せられた者を、鈴ケ森の処刑場まで所定のコースを、捨札に罪状を書き獄吏によって引き廻した。「萬年代記帳」にも十数件に上る

引き廻しの図（『日本行刑史』より）

引き廻しがある。「触中引き廻し」、「郡中引き廻し」、「国中引き廻し」など、罪科の軽重によりその範囲の広狭があった。特に御救米の不正、牛馬銀の不正など、武士や村役人などの不正行為に対する罪科に対しては特に厳しく対処してきた。

国中引き廻しの場合、「御国中一ケ村も残らず引き渡し仰せ付けられ候」とあり、各村々の庄屋は順ぐりに次の村へ引き渡し送り出した。引き廻しの場合、江戸と違ってほとんど徒歩であった。「草臥《くたぶ》れ候はゞ」馬に乗せ国中を引き廻された。

科《とが》銀《ぎん》

罰金のことである。勝野《かつの》村（現小竹町）の源兵衛は、雉《きじ》を塒《とや》掛けて飼ったことで科銀二匁を上納するよう仰せ付けられている。銀二匁を現代感覚で換算すると、『武士の家計簿』（磯田道史著）によれば八千円位か。この源兵衛の場合、科銀だけの軽刑でよかったが、多くの場合「禁足の上科銀」、「引き廻しの上科銀」など主刑の付加刑として科せられた。藩の財政が窮迫すると科銀の刑が他の刑種の代わりとして次第に増加したという。

敲《たたき》

日本行刑史の中に必ず出てくる刑である。庶民の正刑であり、罪人の背部や臀部《でんぶ》を笞杖《たいじょう》と称する杖で敲く刑で、二十敲、五十敲、百敲など罪状により敲数が決められた。江戸中期における庄屋甚吉の見聞した刑の中には、不思議なことに「敲」という刑の記録がない。

時代は下るが、明治初期の「竹槍一揆」暴動の行刑においては、笞状刑に処せられた者は六万人以上あり、笞《むち》打たれた跡の傷の手当てのために豆腐やこんにゃくが用いられることから、これらの品が払底《ふってい》し、村や町からしばらく姿を消したという古老の話を聞いたことがある。

江戸中期直方領における刑として、出牢の折には敲が執行されたに違いない。敲の刑を執行する時には、監視役が付っきりで数や敲の程度を見張っていた。また、敲かれる者は一敲ごとにわざと仰山《ぎょうさん》な悲鳴を上げ、執行者に手心を加えてもらおうとしたという。

役儀召し上げ

「萬年代記帳」に二十件に上り多出する刑罰で、身分刑に属する。大庄屋、庄屋などの役儀を取り上げる刑で、晒しや科銀などの刑が付加されることが多かった。武士の場合にも、家老職を召し上げ、知行を取り上げるなどの刑があった。

闕《けっ》所《しょ》

闕所は過料とともに財産刑とされる。追放とか死罪などの本刑に付加される刑罰で、闕所には田畠・家屋敷・家財を全没収するものとその一部を没収するものがあった。例えば、

当国秋月甲斐守様御宝剣御預り成られ候侍衆、同所甘木屋へ質物に入れられ、銀四貫目御借りならられ候事相あらわれ候事、延享元〔一七四四〕年八月、右預り主は早速牢舎、奥方子供衆は追放、跡は闕所にて御座候

非人手下《ひにんてか》

心中の仕損《しそこ》ない、博奕《ばくち》打などの犯人に科せられた罪である。「日本橋三日過ぎると人でなし」とは、心中の死に損ないは日本橋のたもとに三日晒《さら》した後、非人手下となることを詠ん

だ江戸川柳の句の一句。

近松門左衛門作の『曾根崎心中』は、元禄十六（一七〇三）年に起こった実際の出来事を浄瑠璃としたもので、この名作は人形芝居として上演され大成功を収めた。その後、近松の世話物は次々と上演され、それらが引き金となったか、情死沙汰が頻発し、男女相対死の流行は京・大坂にとどまらず、江戸へも伝播していった。

将軍吉宗は享保八（一七二三）年二月に、

一、男女申合にて相果候者の儀、双方共自今は死骸取捨に可申付候、一方存命に候はば下手人に申付、絵草紙又はかぶき狂言抔《など》にも致させず、尤も死骸弔ひ候事停止可申付候

一、双方共存命に候はば三日さらし、非人の手下に可申付候

一、此度大坂にて主人と下女と申合相果候者の儀、主人存命に候へ共、下人の身として主人に対し不届に候間、下手人に及ばず、非人の手下に可申付候、総て此類は向後右の通可被申付候

（『三田村鳶魚全集』第十二巻より）

と達した。さらに、「御定書百箇条」五十に「男女申合せ相果候者の事」として厳しく処した。

「萬年代記帳」にも心中事件はあるが、男女とも相果てたか。「御定書百箇条」の五十に「男女申し合わせ相果て候者の事」とあり、一方存命の場合は非人手下となった。

釘打

庶民に科せられる刑で、実際に出入口を板や柱で釘打にして押し込めた。士分には閉門逼塞などがあった。

押隠居《おしいんきょ》

無理に隠居するよう命じ、武士や村役人などの身分を剥奪した。

預け

農民の年貢未進者などに対して大庄屋などに預ける軽い自由刑。

その他、「お理《ことわ》り」、「叱り」など現代の戒告や訓告処分にあたる軽刑もあった。

第二部　「萬年代記帳」に見る事件と犯科

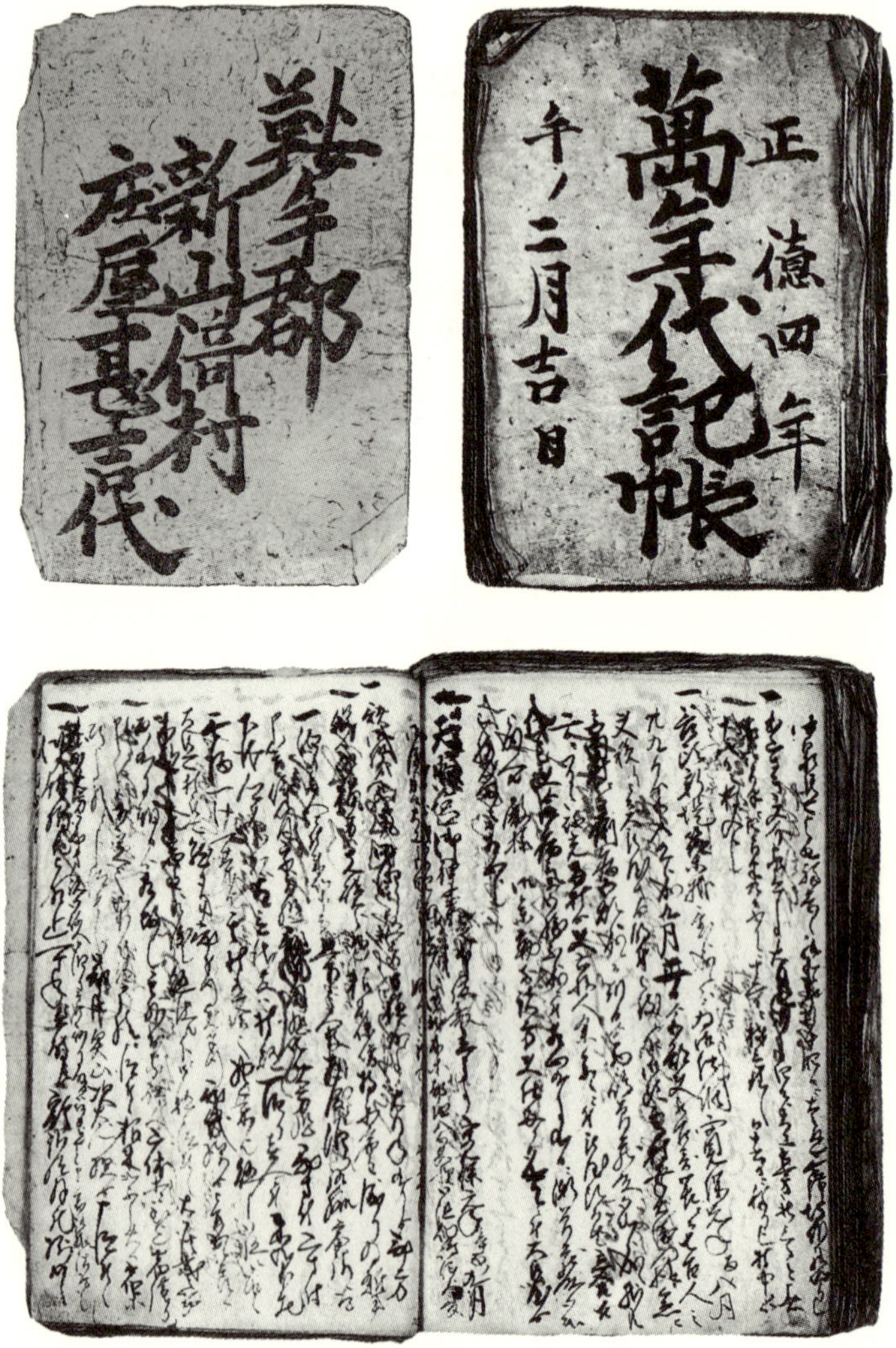

「萬年代記帳」の表紙・裏表紙および本文（表紙・本文は『福岡県史　近世史料編　年代記㈠』より）

1 「目やす竹の筒」から目安箱へ

「萬年代記帳」は、享保六（一七二一）年七月の夜のことを次のように記述している。

目やす竹の筒、御公儀様より廻り申す事、享保六年七月十二日の晩参り候て、同十三日の晩南良津《ならづ》村の方へ送り申し候、此年同月より廻る

この記事は、享保の改革の目玉政策とも言うべき「目安箱」設置が、どのように移り変わっていったかを理解する上に重要である。まず「目やす竹の筒」とあるが、おそらく竹筒の一部に小さな投書口を設けて訴状をその口から入れるようにしたもので、目安箱の原型と考えられる。また「御公儀様より」とあるのは、幕府令のことであろう。

享保六年と言えば、将軍吉宗が目安箱を江戸の評定所の門前に設置した年であり、将軍吉宗の施策を即時に倣《なら》って福岡藩も実施したのであろう。福岡藩以外にも紀州、尾張、南部、柳川、前田など多くの藩も模して実施したという。

新山崎村に届けられた目やす竹の筒は、翌日隣村南良津村へ送られている。順次触中の村々を廻り、大庄屋から郡役所へ届けられたことであろう。目安箱はこのような素朴な方式で始められた。

しかし、この新しい制度に領民はなかなかなじめなかった。福岡藩主継高は、郡奉行など諸役人をはじめ村役人を通して、領民の地の声を政事に生かすべく再三にわたって御触したが、目安制度の意のあるところが徹底しなかった。そこで、享保十八（一七三三）年正月、次のような「覚」を発した（『黒田家譜』より。読みやすい表記に改めた）。

継高政事に心を寄せ給ひ、有司の輩《やから》にも廉直にして、私なからん事を常に命じ給へり。凡《およそ》政の要は、四民信服するを宗とせらる、事なれば、法令を出さる、毎に、下情に応ずべしと、校量して事を定らる、事ながらも、民の心に合や、合ざるやは、詳に察し給ひ難し。然れば四民の批判を上に聞給て後、輿論《よろん》を用ひられんこと、国政の肝要たるべければ、農工商に至るまで、思ひ寄たる事訴出候様にと、去る亥の年命じ給ひしかば、或ハ投文をなし、或は訴出る輩も有といへ共、下情委《くわ》しく通ぜざるに依て、今年正月廿一日より、初て訴訟の目安箱を勘定所の門脇に所をしつらい出し置、思ひ寄たる事は、書付て此箱に入置べしと、国中に令を下し給ふ。古の所謂諫鼓《いわゆるかんこ》・謗木《ぼうぼく》〔昔中国で、君主に対し諫めようと

して鼓や木の鈴を鳴らした――引用者〕の類《たぐい》なるべし。其覚書に曰、

覚

一訴状目安の書付、役人の屋敷え指出候様、去々年仰せ付け置かれ候得共、此以後福岡勘定所門に箱を差し出し置き候条、此箱に誰によらず入れ申すべき候事

一御政事筋の善悪、当役の家老其外役人の私曲など、遠慮なく書付け指し出すべく候事

一町在浦は、去々年仰せ付けられ候通、弥以役人奉行の才判筋、幷《ならびに》附の者・両行司・年寄・大庄屋・村庄屋・触口などの私曲のたぐひ、遠慮なく書付け差し出すべき候事

一訴訟目安の書付に、家名書付け入れ置くべき候。併御政事筋の儀に付、品により家名書付がたき儀もこれ有るべき候哉。左様の類は、尤も家名書付に及ばず候事

右の趣、家中・町・郡・浦方末々迄相達すべき候。以上

この覚書を出すとともに、目安箱を名島《なじま》勘定所の門脇に設置した。覚書で特に力を入れたのは、政事に携わる者、特に家老や役人などの職務怠慢や不正行為、采配のやり方など士分に対する告発、藩政の末端を担う大庄屋、庄屋、組頭などの私曲のたぐいについて遠慮なく訴状を出すよう督励したのである。

さらに延享四（一七四七）年にも次のような御触を出した。

百姓願等の儀、大庄屋奥書にて、何様の願にても詮議に及ばず、遠郡は大庄屋より便次《びん》第差し出し候様との御触、六月十二日の事

この目安制度による犯科について「萬年代記帳」を見てみよう。

夫役についての願い出のこと

農民にとって年貢上納と夫役《ぶやく》は肩にのしかかる重い貢租であった。夫役には夫役仕組と呼ばれる賦課基準があった。

元文四（一七三九）年三月より村中宗旨帳面を以て拾五歳以上夫役仕り候様仰せ付けられ候、尤《もっと》も壱作百姓共、大庄屋・村庄屋は家内残らず夫役御免、寺社方は其身壱人御免、家内は夫役仕り候様書き出し仰せ付けられ候

これらの夫役仕組は面役《めんやく》と呼ばれ、壱作（開墾新田）百姓、大庄屋、村庄屋は家内残らず

夫役御免あるいは僧侶、神官などの面役が免除され、一部階層の領民に優遇措置がとられていた。しかし、この措置に不満をもつ者が夫役の仕組を面役から高役《たかやく》に変えるよう郡代ならびに御館役所へ訴え出た。

面役御免仰せ付けられ、高役に仰せ付けられ候様にと願い出候事、延享三〔一七四六〕年二月廿八日より参り、三月朔日《ついたち》に罷り帰り申し候、御郡代様ならびに御館役所へ差し上げ候処御請け取りこれ無く、名島町会所目安箱に入れ罷り帰り候、其の節参り候者六郎次・弥七、又々其の後触中十五ケ村一同に罷り出候節、介次郎罷り出申し候、其の後御郡代様木屋瀬御入り込み、村々頭取御詮議成られ候、〔略〕尤も右高役願相叶い申さず、面役極めこれ有り候事、四月三日の事、御徳《ごとく》甚三郎は嘉麻・鞍手・遠賀三郡追放、宗像郡へ払、宮田《みやだ》与八は五郡直《すぐ》に払、感田《がんだ》四人は四郡払、片付け仰せ付けられ候事、延享三年四月十九日、木屋瀬にて高村幸右衛門様仰せ渡され候

高役とは「高役の法は村々の田畠の高を根元とし村位の甲乙強弱を考え合せ村別相応に何十人或は何人と出肩《でかた》を極め置」(『直方市史』)ことである。この場合、高持百姓の負担が大きく、上層農民の不満が多かった。しかし、郡代も御館役所も請け取らず願いは叶えられな

かった。仕方なく名島町会所の目安箱に訴状を入れて帰ったのである。

この訴訟に参加した者は六郎次・弥七であり、その後再び触中十五カ村の一同が罷り出たので、御郡代から村々の頭取（主謀者）たちは詮議を受けた。中でも主謀者と見られた御徳村甚三郎、宮田村与八、感田村四人は残らず木屋瀬牢に入牢仰せ付けられた。

訴訟の結果は、夫役の均一化を図るため人別帳による面役仕組法に決められ、高役願は叶わなかった。当時、村軸帳（村の田畑の租や諸上納分を記した基本台帳。この軸帳の総年貢高の個々の農民の分担を示したものが名寄帳《なよせ》）の取り扱いについての定として「徒党強訴の儀は御法度に候条、かりそめにも大勢打寄徒党に似寄候儀決して仕り間敷候……」とあり、この高役願は強訴に等しく、御徳村甚三郎は三郡追放、宗像郡へ払、宮田の与八は五郡直ちに追放、感田の四人は四郡払と、それぞれ重いお仕置になり幕となった。

死馬銀詐取により国中引き廻し

早良郡小笠木《おがさき》村庄屋又右衛門、組頭・小百姓相談仕り、同郡内野《うちの》村皮多《かわた》〔皮細工や皮革の鞣《なめし》を業とした者〕善介と申者相談致し、馬三疋、死馬と偽り、馬銀願い上げ候て御銀子請け取り候由、目安箱に入れ申すに付、御詮議これ有り、いよいよ偽り処違い御座無くに付、御国中壱ケ村も残らず引き渡し仰せ付けられ候、尤も庄屋又右衛門・善介廻り候節、雨天には行き掛り村へ逗留致させ、草臥《くたびれ》候わば馬に乗せ送り、泊り村は賄《まかない》一汁一菜、夜具まで出し、善介は土地にて認め致させ候様に御触これ有り候、尤も右の者共当村へ参り候事、延享元〔一七四四〕年四月十五日に庄屋又右衛門・善介両人目尾《しやかのお》より勝野《かつの》、それより新多《にいだ》の方に、同村より山崎村へ暮方移り申し候、南良津村の方に送り出し申し、送り状に庄屋・組頭名判仕り送り申し候、年の頃四十四、五、六ばかりと相見え申し候、善介は五十四、五ばかりと相見え申し候、南良津村より鶴田村へ泊り申し候

早良郡小笠木村と内野村における、庄屋をはじめ組頭の村役と小百姓らの巧妙な犯行は、藩の農政改革を嘲笑うかの如き悪質なものであった。

福岡藩では毎年二月中に、各村の庄屋は村の牛馬数を大庄屋に届け出なければならなかった。大庄屋年中行事中、二月の項に、

一、人馬目録生子《うぶこ》死人差出　廿日切
但し人馬目録は合帳《あわせ》（名寄帳）に相成候ニ付折本とぢに差出しの事

とあり、大庄屋から郡役所に届けられた。

新山崎村も文政年間の軸帳に牛馬数三十三匹　内馬五匹　牛二十八匹と記している。
（『小竹町史』）

こうして把握された牛馬数の一部を死馬として偽り、農民負担軽減のための牛馬仕組を悪用して拝領銀を詐取するなど、庄屋や組頭ら村役を巻き込まなければ不可能な犯罪である。犯行の起因は牛馬仕組の隙を狙った感がある。犯人は引き廻しの上、極刑に処せられたに違いない（福岡藩の牛馬仕組の推移については19項参照）。

目安箱により摘発された犯科であるから犯罪の時期については分からないが、延享元年は寛保四年が改元された年である。いずれにしろ寛保二（一七四二）年までは牛馬仕組によれば代銀は拝領できたが、その後は仕組が改められて拝借銀となり五カ年年賦となっていた。

再び高役願

先年延享三（一七四六）年二月のこと、面役を高役に仰せ付けられるようにと目安箱に入れて願い出たが、願いは叶えられず出訴関係者は追放刑という重科を科せられた。しかし夫役の仕組に対する不満は容易に収まらず、面役御免、高役に仰せ付けられ下され候様にと、御当職浦上彦兵衛様へ訴状目安に入れ申すに付、詮議仕り候様にと御郡代河原林平右衛門様へ仰せ付けられ候由にて、右百姓・遊民、大庄屋九郎殿より下新入《しもしんにゅう》へ召し寄せられ詮議致され候、尤も訴状見申し候処、村役は勝野・新多・磯光《いそみつ》・鶴田・南良津・山崎六ケ村にて御座候に付、御詮議これ有り候事、宝暦九〔一七五九〕年三月十八日の事、尤も翌十九日朝も大庄屋元へ召し寄せられ詮議これ有り候

「盲目安」による犯科

目安箱の目的は、村における大庄屋、庄屋、組頭などの村役人の私曲や采配の拙《まず》さなどの摘発を奨励し、村支配の適正化と農民の生産意欲をあげることにあった。

寛保二（一七四二）年、庄屋の身上についての訴状が目安箱に入れられた。

御徳村庄屋善蔵身上目安箱へ入れ申すに付、右のケ条開として御郡代奥山治右衛門様御徳村へ御入り込み、村中小百姓まで召し寄せられ候上、庄屋ケ条書の次第一々御問い成られ候処、善蔵ケ条ことごとく開き申され、村中百姓中只今の庄屋能《よ》く候わば紙もみ入れ申すべき、若《も》し又好き申さず候は、紙を引きさき入れ申す様にと仰せ付けられ候処、残らず御

郡代様より御渡し成られ候通りに仕り、紙入れ申し、然《しかれ》ば只今庄屋へすき申し由仰せ付けられ候、右の目安めくらめやすにて相手壱人も御座無き候、是は先庄屋次六只今出家になりかりうと申し候て大公事《くじ》物、殊に悴《せがれ》喜平と申すは月成忠左衛門様被官にて福岡へ御奉公相勤め、彼者《かのもの》右の目安入れ申したるにて有るべき御座候と御郡代様も思《おぼ》し召され、惣体世上の風聞も右の沙汰仕り候、右の御詮議ケ条開き成られ候事、八月の事、其の節公事頭取かりう郡追放仰せ付けられ候事、九月廿六日

（傍点引用者）

この記録は、目安箱に入れた後にその訴状がどのように処理されたか、その方法の一つとして興味深い。訴状の開き方には箇条の内容によっていろいろの処理方法がとられたことが分かる。

　この訴状の内容は次のようなものである。御徳村の庄屋の善蔵の身上にいろいろ村役人として好ましくないことがある、と某人が目安箱に入れた。この訴状の処理につき、郡代奥山治右衛門が御徳村に直々に入り、村中の小百姓まで召し寄せ、訴状の内容の一つ一つについて善蔵に釈明を求めた。郡代は庄屋の申し開きに対し、これを是とするものは渡された紙をもみ、非とするものは紙を引きさいて入れよと仰せ付けられたので、全員仰せ付けどおり紙を入れた。ところが庄屋善蔵を是とする者ばかりで、非とする者は一人もいなかった。これ

は詐《はか》り事であり「盲目安《めくらめやす》」とされた。当然、事の次第としてこの詐り事を誰が目安に入れたかが調べられ、この者は前の庄屋の次六という人物であり、すでに出家してかりうという大悪者で殊に悴喜平が被官して福岡に勤めているが、この者に違いないと郡代は思い、大方世間の風評もその通りであり、郡代はかりうを郡追放と仰せ付けられ、この件は一件落着となった。

若殿様参府につき目安

若殿二ノ君平八〔長経《ながつね》〕様御参府まで、反別壱升ずつ寸志差上げるべく、当郡も御同前に差上げ然るべき旨、寛延四〔一七五一〕年六月、閏《うるう》六月十五日切り御国中一同に願い出候様に、両郡百姓中より右の趣き書付け目安箱に入れ候由、書付けの写廻り申し候、此の方角郡々に聞き合せ候処、御参府までと申し候ても程相知り申さず候、殊に永々の上り免に共に相成るべき哉と段々見合わせ、聞き合わせこれ有り候、佐与《さよ》触などは両郡として三百俵差上ぐべく願い共仕る分に相極め候処、いずれも見合わせに相成りい申し候、御請け成らざる筋にて相返し申し候この目安は、他の目安とはかなり様子が違う。目安箱を継高が設置した趣旨は、政事の善悪、家老はじめ役人、奉行所の才判や役人、大庄屋、村庄屋などの私曲などを遠慮なく書き出させ内部告発を進めるためであった。目安の趣旨とは異質な内容で、幼少の若君が参府するようになった時の出費のために備え、費用の一部を負担しようと申し出たのである。

この異様な趣旨の目安を目安箱に入れた者は、両郡（遠賀・鞍手）農民中の某であろう。両郡は申すに及ばず御国中まで賛同するよう申し出で、それはかなりの波及効果を生じ、隣りの嘉麻・穂波両郡に拡がり、佐与触などは、すでに三百俵差し上げるよう相極めていたという。

さて、この若君は寛保二（一七四二）年生まれである。若君参府の用意にと目安を入れたのは寛延四（一七五一）年で、若君平八（長経）は九歳であった。農民どもが、平八の参勤がいつとも「相知り申さず候」と見通しも立たない折に、また一反に付一升は永代にわたり上免になるのではないかと不安に思ったのも当然である。継高の嗣子も次々に夭折しているし、七代藩主治之《はるゆき》は養子である。

両郡中農民どもが寸志を差し出すことを見合わせ、藩もまた請けなかったことは正しい判断であった。

少し話題がそれるが、目安の対象になった「二の君平八様」（一の君は三歳で夭折）の誕生について、面白い記事が「萬年代記帳」に見える。

福岡御北之丸御若殿御誕生遊ばされ、御名平八様と附けさせられ候に付、御国中末々等に至るまで、平の字・八の字遠慮仕り候様にとの儀故、村々名相改め申す事、寛保二（一七四二）年六月の事、両山崎へ廿壱人ほど御座候、尤も七月廿六日新山崎中名酒もり申し候、新山崎中より樽入れ申し候

生まれた若君の名が平八とあったから、「障《さわ》り名」と称し、村の人名に平とか八とか使うことを遠慮せよというので改名し、若君誕生祝と改名記念に村中で樽酒を飲んだということであろう。助平も三八も何とか改名しなければならなかった。何とも滑稽な話である。

以上、藩の目安に関する犯科についていくつかの件をあげたが、宝暦二（一七五二）年、藩は目安箱をやめ、上訴の手続を簡単にし、誰でも申し出られるようにしたが、期待したほどの成果は上がらなかった。

2　飢民山に上る事

享保六（一七二一）年、この年もまた大雨が降り、穂の出たばかりの大麦・小麦は残らず水に入り、薙《な》ぎ倒されたかと思うと大日照が続き、田植もできずにいたが、六月十二日、やっと雨が降り、ようやく天水で根付けを終えると、今度は七月の初めに台風が三日三晩襲ってきた。飢えた農民たちは残らず笠置《かさぎ》山へ土掘りに毎日出かけて、食える山野草を求めた。

また、

酉《とり》の年あわ・そば共畠作残らず皆損じ仕り候に付、飢に及び申し候に付、両山崎〔山崎・新山崎〕より湯原《ゆばる》村畑《はた》に山上り仕り候
人数覚、与右衛門・小平次・三平・六平・治平・新蔵以上六軒上り申し候、久三郎事石山《いしやま》まで、其の外かけほり残らず

とあり、「胡麻《ごま》の油と百姓は絞れば絞るほど出る」年貢徴収は苛酷を極め、年貢米を出した

後、農民は食う物もなく飢えるしかなかった。湯原村（現若宮町）の山深く、ワラビや葛《くず》の根などを求めて山上りをした。『筑前国続風土記』土産考中でワラビについて、「凶年には、春その根をほり、粉を取りて食にあつ。性はあしし。貧民春は家をいで、山中に入て仮屋を作り、一月許わらび葛根をほり餅となして食し、飢を助く。民の飢を救ふには、葛よりまさる」とあり、庄屋甚吉の山上りの記事は、山上りした者の名とともに十六軒あるいは六軒と書き、家中こぞって仮屋住まいをしたことを示している。

村を出て山上りをするには、庄屋の許しは勿論のこと、入山する他村の庄屋や山ノ口や山番の許可を必要とし、「笠置　山札四枚」などと山上りの許可札をもって山上りした。庄屋同士の事前の連絡など面倒な手続を要したに違いない。

芹田《せりた》・水原《みずはら》山上り願申し仕り候処、滞《とどこお》り無く相叶い、残らず山上り仰せ付けられ候事、寛保二〔一七四二〕年十二月の事、常々庄屋不才判と成り行き、役儀召し上げられ、其の上村前に一日さらし申し候、御郡代様上有木《かみあるき》大庄屋へ御泊り成られ候

芹田・水原の飢民がかねてから両村庄屋へ山上りを願い出ていたにもかかわらず、庄屋は采配を怠り、右のように役儀召し上げ、一日晒しの科を受けたのである。

前記中、山崎村の部分に「久三郎事石山まで、其の外かけほり残らず」とあり、他にも「萬年代記帳」の飢民山上りの記事に「その外山の口・或は御蔵方故かけほり仕り候」とあるが、「かけほり」とは葛根掘りなどとは違った行動と考えられる。農民には「慶安の御触書」の精神が脈々と生き続け、農耕一筋に心掛けを強いられていた。「かけほり」とは石炭のかけらを掘ることであろう。

ケンペルが元祿三（一六九〇）年に木屋瀬で石炭の採掘を見聞してから百年に近い年月が経っている。新山崎村の農民が石炭を知らなかったわけがない。飢民が山上りして飢を凌ぐとともに、古い丁場（採炭場）の屑石炭を掘っては生きる糧の一部に充てたとしても不思議ではない。年貢上納はすべて米納であったので、農以外の生業は許されていなかった。農閑期に限り許しを得て、掘り捨てられた古い坑口から少しの石炭のかけらを掘って暮らしの足しにしたのかも知れない。

3　御法度も金次第か

直方市山部《やまべ》にあり、直方藩主の菩提寺とも言うべき、初代藩主高政が黒田長政の追善のために建立したとされる雲心寺《うんしん》において、元文五（一七四〇）年正月十二日の参詣者に次のようなことが起こった。

直方塩屋喜十郎母ならびに女房雲心寺へ寺参り、山部堤《つつみ》土手にて高村幸右衛門様山部村庄屋七二郎の案内にて御通り成られ候処、絹布着仕り候を御詮議成られ候事、元文五年正月十二日の事、早速本家・出店共に釘付けに仰せ付けられ候、然れ共飯塚宿古川孫兵衛殿を頼り御理《ことわ》り申し候、同人〔孫兵衛〕こと直様《じきさま》に御当職へ御理りにて埒明き申し候、御郡代・御免方へも参らず埒明き候由に御座候、尤も十二日より二七日ほどの儀に御座候、科銀も懸り申さず儀に御座候

「衣類は布・木綿に限ること」は、寛永二十（一六四三）年に出され農民の生活を厳しく

規制した「土民仕置覚」十七条の中に定められたものであり、続く慶安二（一六四九）年に発布された「慶安の御触書」でも絹布の着用を禁止した。その後、藩財政の危機、凶作による大飢饉などの度ごとに福岡藩においても御触書を発し、衣食住を細部にわたって厳しく規制する法度が発せられた。

塩屋喜十郎の母と女房はこの法度破りの現場を御免奉行高村幸右衛門に見咎められ、釘付けにされて、本店も支店も営業停止になったのである。

しかし、この事件の始末については不可解なことが多い。まず塩屋は、事件の後始末について飯塚の古川孫兵衛に頼ってお断りを申している。孫兵衛は、御郡代（奥山次右衛門）にも現場を見咎めた御免奉行（高村幸右衛門）にも通さず、直接に国家老に事件の処理を頼んだのである。入牢もなし、科銀もない極めて不当な解決で埒が明けたのである。

古川孫兵衛は豪商で、藩の財用方と深く結びつき拝借銀の両替をしたりして財をなしていたと思われる。このことは藩主継高の厳譴《げんせき》によって筆頭家老吉田七左衛門が知行七千石を召し上げられた事件の背景を思わせる（17項参照）。芦屋《あしや》の豪商俵屋清三郎とともに橋口牢においても御詮議を受けたことからも、国家老の銀受方となっており、町人と武士の立場が逆転していこうとする近世史の一端を垣間見る思いがする。また、物事すべて金次第であるのは、今も昔も変わらぬということか。

4　騙されてくびにされた庄屋

筑後・久留米藩の領民中、身分も定かではないがとんでもない男が佐与触《さよぶれ》の口原村《くちのはる》へ現れた。

口原村庄屋与五郎方へ、久留米牢人伝兵衛と申す者、一両年かくまい置き候処、久留米へ帰参、以前の通り知行御返し下され候通り与五郎親伊右衛門をだまし、りっぱ成るふしん壱貫目余も入申し候、同人まで隠居同前に仕立申すなどと、いろいろ恰好よくだまし、今日、明日、明後日には久留米よりむかえ参り候などと毎日料理拵《こしら》え、余分の物入り仕り候処、寔《まこと》のうそにて身代くずれ申し候、其の後他国うろたえ者追払申し候様に仰せ付けられ、与五郎・組頭召し出され、庄屋役儀御取り上げ、組頭も御取かえ、跡庄屋大門《だいもん》村庄屋次郎助へ入庄屋仰せ付けられ候事、宝暦二〔一七五二〕年五月の事、それに就いて勝野七次郎娘おくみ縁に付居り申し候え共、取りもどし申し候この手の人間は今もよくいる。言葉巧みに虚言を弄し、他人を騙《だま》してしまう。騙される方も騙される方で、あとで歯がみするほど悔やんでも取り返しがつかない。

久留米牢人伝兵衛は、出牢の上追放されたのか、脱牢者か、また庶民か士分かも判然としない。知行を返してもらえるなど滅多にあることではない。騙され続けた伊右衛門も軽々と口車に乗り、壱貫目という大金をはたいて立派な普請をし、勝野村の娘おくみまで縁付かせ、身代を果たして馬鹿をみた。庄屋与五郎は牢人を匿《かくま》った科により役儀を取り上げられ、跡役に適当な人物が村にいなかったのであろう、糸島の大門村という遠い村の次郎助が入庄屋を仰せ付けられ庄屋を勤めた。

間抜け庄屋、役儀召し上げられ、一件落着如件《くだんのごとし》。

5　胡麻の油と百姓は

「萬年代記帳」には、日本三大飢饉の一つといわれる「享保の大飢饉」（享保十七・一七三二年）の惨状が克明に記録され、近世中期の災害史として評価が高い。この飢饉についてはすでに『小竹町史』に抄記されているので、詳細には触れない。この飢饉によって新山崎村も壊滅的な打撃を受けたが、この年に限らず大飢饉の予兆とも言える干天や洪水が続いていた。

享保五（一七二〇）年五月、大雨で田植ができず遅れて六月八日にやっと終わったが、その後も大雨に何度も襲われた。

享保五年六月廿一日大かみなりにて大雨ふり、殊の外の大水にて竜徳川は若宮より家弐つながれ申し候

享保六年に閏七月御座候、五月に大日てり申し候、六月十二日大雨ふり

大風ふき申す事、享保六年閏七月六日より八日の晩まで三日三夜ふき申し候

享保九〔一七二四〕年八月十四日に大風大雨にて、田畠水押多く、死人世間大分御座候、其の大水に兵丹《ひようたん》橋洗崩申し候

大雪ふり申す事、享保十年十二月十八、九日・廿日まで、深さ三尺四五寸、ふき込は四尺余有る、竹木折申す事数知らず

享保十弐年五月朔日《ついたち》雨ふり、それより大干照、八月まで百日の余り照り申し候

このように天候不順は享保十七年の飢饉を迎えるまで続き、農作物の損毛は全村に及び、農村の疲弊はその極に達していた。

直方藩は享保五年、長清の死去に伴い本藩支配となった。藩の財政も窮迫し、財政改革にも務めたが、農民には倹約と農業出精《しゆっせい》を命じ、年貢の取り立てには増徴策が講ぜられた。農民は年貢を完納できず、やっと納めても、あとは一粒の米も残らなかった。飢えた農民は

山深く入り、ワラビや葛根を掘ったりして飢を凌いだが、餓死する者が続出した。

打ち続く災害の中、窮乏にあえいでいても、農民は役人から耕作面積、田位などに基づいた負担額を毎年春に指示された。その年貢を十一月に完納すべく農事に出精、質素倹約し、食うものも充分食えないまま労働を余儀なくされた。もし完納できなければ村中の農民たちに迷惑をかけるという重圧を背に負いながら、農事に刻苦しなければならなかった。

完納できなければ「未進者」と呼ばれ、村中の厄介者にされる。何としても汚名を避けようと、大事な田を売ったり、質入れをしたりした。次のように、兵丹の甚六は善市に田を売って年貢の責を果たした。


享保五〔一七二〇〕年分、兵丹甚六年貢御未進仕るに付、抱分の内善市方に売り申す田の覚、現田数いけた四畝四歩・かふり六歩、二ツメ四畝拾歩、此高三斗九升、米弐俵五升に永代相伝に売り渡し申し候、証人又八、庄屋甚吉・頭百姓又右衛門判形仕り候事、享保六年卯月八日の事

田を売ることは、農民にとって自分の命を削る思いであったに違いない。その売り証文が次のように残されている（「いけた」は村の圃《ほ》の字、「かふり」は小作料のこと）。

壱作畠三畝
右の代米壱俵壱斗
右の米慥《たしか》に請取申候、然る上は、年々御年貢米五升宛、御上納仕る筈に相対にて御約束仕り候、尤も書物は永代書物にて、庄屋・頭百姓相立置申候
享保六年四月八日
畠売主　甚六
証人　惣六
又八
村庄屋　甚吉
頭百姓　又右衛門
兵丹
善市買

山内平内様享保五年に善吉田地の内、現畝田畠壱反三畝拾歩、かふり田畠十六歩、田畠高壱石四斗七升六合六勺、借米にはめ申し候事、十二月の事

同人〔六平次〕抱分の内田畠壱反六畝拾六歩、かふり共に高壱石七斗五升四合三勺、新多甚七方へ質券田にはめ申し候

さらに、年貢納入に詰まり食うこともできなくなった人々が「妻子、我が身を売る」、いわゆる質物奉公が少なからずあった。

安右衛門女子さよ飯塚宿孫右衛門所へ奉公に出、身代米十三俵借り参事、元文三〔一七三八〕年十一月より、甚市女房鯰田《なまずた》村六郎左衛門所へ奉公に出候て身代米拾五俵借り候事、右同年十二月の事

この甚市女房は二年後、また身代米として十五俵で売られている。

甚市女房飯塚弥三郎方に身代米十五俵に売居り候処、寛保元〔一七四一〕年暮請戻し申すべき由にて講座の儀いろいろ致し埒明き候事、右同年十二月三日、人数は甚介・小平二・六平次・卯八・半三郎・甚吉・太郎七・福間《ふくま》弥之介・次吉右九人壱俵かけ、文蔵・伊平次として半俵かけにて御座候、其の節世話人は太郎七・卯八・甚五郎にて御座候、尤も其の

年柄至極悪年にて百姓中痛居申し候、余程の儀にて埒明き申し候、相残る五俵は若宮小七殿など世話にて借立てと申し候え共、其の次第委《くわ》しくは存ぜず候、右十五俵十二月廿五日相切立、廿七日に請け申され候、尤も廿六日に御徳村兄甚七殿より米弐俵付させ、同人召し連れ甚市方へ女房何角帰り申し肴代とて遣し申され候、それ故悪年とても甚市方広々と年を越し申され候

身代米十五俵で売られていた甚市の女房が、二度目のことでもあり、村人の同情をかったのであろう。甚介をはじめ十数名が話し合い、米を出し合い、不足分は他村の心ある人にまで力添えを頼み、十五俵を何とか集め、年の暮れも迫った廿七日に請け出すことができたのである。甚市の喜びはいかほどであったろう。「甚市方広々と年を越し申され候」。村人のお陰で明るく正月を迎える様子が偲ばれ、窮乏に耐え続ける農民の暗い暮らしの中に一筋の灯を見るようである。

凶作が続くと、米を作っていながらその米を食べることのできない農民にも、天候に恵まれ豊作を迎える秋もあった。各村は先を争って年貢の完納をめざして津出《つだ》しに励んだ。

そんな年には次のようなこともあった。年貢取り立ての厳しさは、領民にとって息の詰まる思いであったろう。

両山崎御年貢米十一月廿日切り皆済《かいさい》、秋の初御代官様きびしく仰せ付置かれ候処、皆済の砌《みぎり》に成り、天気悪しく廿日日切りに相成り、掛り下代《げだい》松尾唯七殿御入り込み百姓中詮議これ有り候処、天気故、何分にも米に成り申さずに付代籾を入れ置き、追て天気上り候わば早速すり立現米上納仕る可くとは申し分仕り候え共、何分にも現米にてこれ無き候ては相成り申さざる旨仰せられ候て請け合い申さず、百姓しばり申され候は六郎次・喜右衛門・次郎市・文蔵・与三郎・作兵衛・七次郎・源七・甚五郎、此人数しばり置き、御役所へ唯七殿より紙面届け、庄屋甚吉、組頭甚助・甚市持参仕り候様に仰せ聞かされ、持参罷り出候処、不納百姓綱御免仰せ付けられ、組頭両人は罷り帰り、跡せり遣《や》り候様に仰せ付けられ、庄屋は手錠おろし、頓野《とんの》大庄屋預りに相極り、福岡へ注進仕分に相極り、大庄屋呼びに参る筈の処、舌間新七殿御役所へ詰められ候て老人故寒中手錠御免、其の上請け合わせ何とぞ御免仰せ付けられ候わば、組頭共へ差加り、定前取り立て申すべき候旨、段々御同人御理りにて埒明き申し候事、〔延享二・一七四五年〕十一月廿三日の事

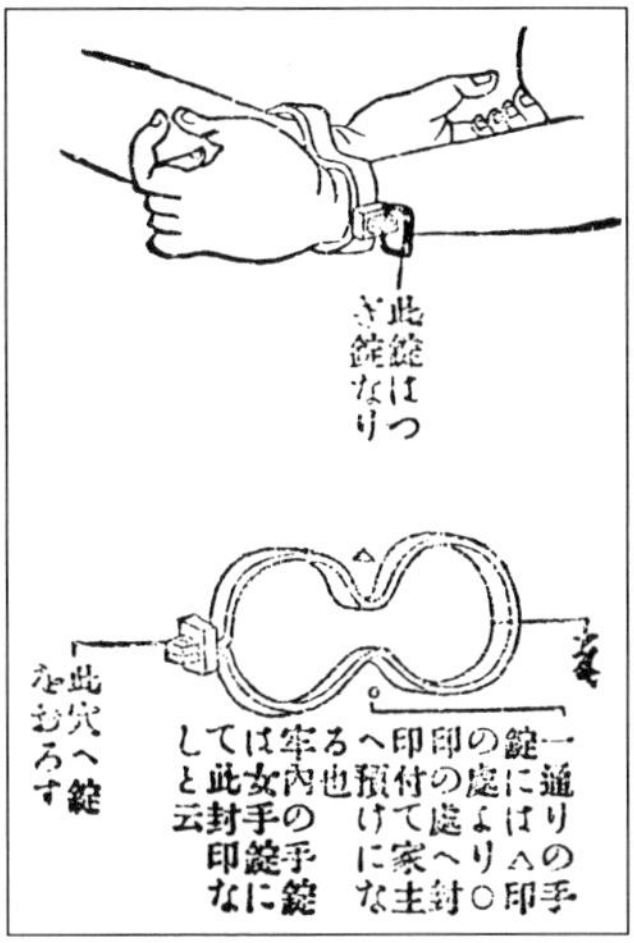

手錠（手鎖）の図（『江戸時代刑罰風俗細見』より）

取り立ての厳しさかくの如し。十一月の皆済期日の直前に天気悪く、籾が乾燥しないので、天気が良くなり次第籾を擂り、玄米にして出すからしばらく待って欲しい、との願いが届かないのである。農民は縛られ、庄屋は手錠おろし、頓野大庄屋預かりという無慈悲きわまる処置で、なんとしても年貢を取り立てようとしたのである。しかし、

> 享保元〔一七一六〕年十一月廿一日に村々皆済百姓に御能拝見仰せ付けさせられ候、人数覚、甚吉・源六・善三郎・又右衛門・平六・兵四郎・五三郎・五郎平・孫作・甚介・藤七・忠作・徳兵衛・勘七・幾介・善五郎・又八以上拾七人、中しき三合もっそう〔中仕切りのある弁当〕、五合入り徳利七つ、かわらけ〔素焼の盃〕拾七下され候、御能老松・箙《えびら》・野々宮・清時〔清経の誤記か〕・田村乱以上五番

年貢の取り立てには苛斂誅求《かれんちゅうきゅう》を極めた藩主も、時にこのような「御能拝見」と一席を設け、年貢皆済した農民を慰労した。能の五番立とは、能の正式上演でのフル・コースともいわれるもので、「もっそう」を食べ、かわらけで一杯やりながら鑑賞したのである。江戸中期の農民は、村芝居などにより、浄瑠璃や歌舞伎などの教養を身につけていたのであろう。

飴と鞭。

しかし、豊作で年貢皆済できる年は少ない。不作が続くと田畠を売り、質に入れ、女は身を売ってでも未進者の汚名をのがれようとしたが、万策尽きて遂に入牢となることもあった。

6　あわや百姓一揆か

享保十七（一七三二）年三月のある日、遊行《ゆぎょう》上人が新山崎村を通った。

遊行上人御通り、同年三月の事、福岡へ五十日の余御逗留成られ候、此の仁《じん》通り申し候えば麦などにあかて入り、世間悪しくこれ有る由申す事に御座候

遊行上人は時宗一派の修行僧であり、「少欲知足」を旨とする諸国遍歴、托鉢の僧である。しかし、福岡へ五十日逗留した僧は世間の評判も悪く、この僧が通ると悪いことがあるという噂が立っていた。果たせるかな、大麦、小麦は赤く葉枯れて損毛した。享保の飢饉の前兆であるかのようである。

牛馬ならび犬などはしか仕り候事、同十七年の事、はしか犬人間又は牛馬等にくいつき申し候えば、其の人間・牛馬死申し候、当村へも喜作・曾市両人の牛弐疋はしかにて死申し

候、尤も喜作牛ははしか犬くい申し候

奇怪な事態が次々に起こり、犬は狂犬となって人や牛馬に喰いつき、新山崎村の牛も二疋がはしか犬に喰い殺された。まるで地獄の如き様であった。

享保十七年五月から三十日間雨が降り続き、田畠も水の入らぬ所なく、大洪水で田植もできず、実盛虫《さねもりむし》、こぬか虫が一反に二、三斗程も居たという。

実盛虫とは、『平家物語』に語られる斎藤別当実盛が馬の脚を稲の切株にひっかけ源氏の手塚の太郎光盛の手にかかり討死し、首をとられた実盛の怨霊の祟《たた》りとする伝説から、実盛の形代《かたしろ》を作り鎮守の神様にお祓い祈禱をしたが、それらも効果なく、川水は血の色となり、川の魚も死に、ツバメも見られぬ天変地異の大災害となった。

飢死に仕り候者覚、善三郎相果て申し候事八月廿九日、左吉相果て候事十月廿二日、清次郎死申し候事同日の事、兵丹次郎平女房相果て候事十月廿八日、赤地《あかじ》村おば・竜徳村おば・感田《がんだ》村おじ源介相果て候事同十月、五畝田《ごせた》に参り居申し候伝介十月十九日、又右衛門男子広松十一月卅日、観音坊主花心十二月朔日、新蔵男子久六同日、市三郎女房・久七・清吉・清八

粥救助の図（『日本随筆大成　6〔むさしあぶみ〕』〔吉川弘文館〕より）

新山崎村にとどまらず、直方領一帯は地獄絵図さながらの惨状を極めた。飢人救いのため国中飢人への救粥《すくいがゆ》が諸々方々で施されたが、焼け石に水であった。遂に、たまりかねた農民たちは押しかけに及んだ。

麦作ならびに田方まで虫入り損毛仕り候故、郡々共に飢え申すに付、勝野村より三拾六人飯塚油屋小右衛門方へ押しかけ、米銀にても御貸し成られ候て御助け候様にと申し候処に、御代官中尾九郎右衛門様御下代近藤惣五殿御出で候て、皆々追返し成され、其の上福岡へ言《ごん》上《じょう》成られ候に付、御郡代川嶋伝七郎様御出郡にて、勝野村幸市は直方本牢に入れ申し候、半次郎と申す者は斗蔵へ御入れ成られ候、感田村よりは直方音羽屋勘右衛門方へ四拾九人押しかけ申し候、是も同所御代官岸原権右衛門様御出合遊ばされ、曲手《かねのて》の方に御打ち成られ候えば皆々逃げ散り罷り帰り申し候、右の内頭取致し候者二、三人斗蔵に御入れ成られ候、木月《きづき》村の者は木屋瀬醤油屋に三拾九人押しかけ申し候、是も右同断

飢えにあえぐ領民が集団となって地域の豪商の家に押しかけていったのである。代官の素早い対処によってこれ以上事態は拡大しなかったが、頭取りをした者は斗蔵や直方本牢に入牢させられた。直方本牢は「萬年代記帳」中一度しか触れられておらず、その場所は不明である。

この一件を除き、享保飢饉中の犯科はない。この騒動が拡大すれば福岡藩にも大きな打撃を与える百姓一揆となったかも知れない。

7 棒さらし庄屋の無念

寛保三（一七四三）年は、新山崎村の者にとっては享保の飢饉の再来かと思われるほどのひどい年であった。四月になってから雨が降らず、五月二日、三日頃まで日照り続き、荒がきなど田植の準備もできなかった。五月四日の雨でやっと田植をしたが、五月十一日からの雨で田は数度の洪水、植えた苗は腐り切ってしまい、さらに十八日の晩から二十二日まで降り続いた雨は大洪水となり、隣村南良津村、鶴田村も同様であった。

不吉なことは重なるもので、六月朔日に大雷により方々で人が死に、勝野村では牛も死んだ。

この寛保三年は田畠ともに実入り悪く、新山崎村のみならず、藩領のほとんどの村が不作で、若松御米納めも青米など悪米多く、刎《は》ね米とされた俵が多く、農民や村役人の苦難は測り知れなかった。

隣村南良津村は例年、洪水に泣かされることが多かったが、寛保三年には次のようなことが起こった。

南良津村田方度々水にて腐切り御免返上仕り候えば、御免奉行高村幸右衛門様御見分に御出成られ候処、草荒これ有りと御とがめ、春免に仰せ付けられ、御見分は相済み申し候、いろいろ御理り申し上げ候え共埒明き申さず候、春免にては余分不足仕り候に付、直方御代官様畝別に切り合掛にて御取り成られ、相残る処はけんだん〔検反か〕の上、雑穀・家・家財など身売にかけ成られ、帳面仕立、十月四日に御代官様御下代舌間新七殿、同村庄屋召し連れ福岡へ御出成られ、六日に庄屋弥助罷り帰り申し候、御米弐百俵御拝領仰せ付けられ候由、御当職〔国家老〕より草荒不才判とこれ有り、庄屋四ツより八ツまで同村前往還へ棒しばり、さらし申す様にと高村幸右衛門様御付大森久次郎殿へ申し参り、同七日にさらし申し候、然れ共庄屋役は相替らず相勤候様に仰せ付けられ候

何と過酷な仕打ちであろうか。水害に襲われることの多かった南良津村だが、この年の洪水は例年にも増してひどかった。庄屋弥助が御免返上を願い出たところ、御免奉行高村幸右衛門自身が直接調査に来たが、返免は許されず見分は終わった、秋上納すべき米は一粒もない。直方代官に願い出ても、「小畝別合掛帳」(田の一筆ごとに小字名、畝数、徳米、耕作者を明らかにしたもの)通りだと、春免にては不足することは分かり切っているにもかかわらず無理矢理割り付け、不足の分は雑穀はおろか家、家財まで売って納めろ、と言うのである。

それでも庄屋弥助は、福岡まで代官下代同行の上、農民の食糧難を扶けようと願い出て、どうやら米二百俵をもらってきたのである。

しかし国家老は、この庄屋弥助に対し、農民に対する采配が悪く指揮監督を怠ったから草荒れて不作を生じたのだとして、棒晒しの刑を科した。棒晒しとは、九尺程の丸太を三尺程土中に埋めてその棒に縛りつけ、捨札（罪状を書いた札）を側に立てて置くのである。午前九時頃から午後二時頃まで南良津の往還に晒したのである。庄屋弥助の無念さを思いやるだに哀れであり、村民も気の毒千万で目をそむけたであろう。

8　人柄勝れざる者の処遇

村庄屋は常に村内の事情について把握しておかなければならない。毎年村の軸帳、名寄帳、人別帳（家ごとに戸主以下家族・奉公人の名前、性別、年齢、宗旨など記載し、毎年作成された戸籍制度の原型）など定期的に大庄屋に提出報告の任務があった。年貢上納は定免となっていたものの、損毛不作の時の御免返上など不定期の報告も必要であったし、壱作田《いっさくだ》（新規に開いた田）や隠田などの見逃しも許されなかった。特に、人別帳以外に人柄調べとして臨時に報告を求められることも多かった。

村々公事《くじ》がましき者入札《いれふだ》仰せ付けられ候事、〔元文五・一七四〇年〕四月十四日、第一公事がましき者、御年貢・御公役不勤の者、不勤仕るあらしこ〔下作人〕、大酒にて喧嘩がましき者、不孝者、御郡代奥山治右衛門様御組御詮議成られ、これ無き通り差し出し木屋瀬へ十五日に遣し申し候、御付衆青柳久作殿御改め成られ候公事とは訴訟のことを言い、「公事がましき者」とは、何か揉《も》め事や曲事《くせごと》を起こすおそれのある人物を意味し、それらの人物を入れ札（投書）で調査したのである。「札付の者」とはこんな入札に入れられることから始まったのかも知れない。

また、次のような調べもあった。

村々耕作不精の者、或は人柄相勝れ申さざる者一切の村の次第御聞き繕いとして、奥山治右衛門様御組嶋田善次殿、延享二〔一七四五〕年五月八日南良津村へ召し寄せられ、御聞き成られ候

こうした村の人柄調べにいつも目を付けられていた人物で、磯光《いそみつ》村次郎介と本城《ほんじょう》村伝七がいた。

磯光村次郎介・本城村伝七人柄相勝れ申さず、其の上役目未進仕り候に付尾形彦蔵殿言上これ有り、御詮議の上、竜徳触中引き渡し仰せ付けられ候事、延享五〔一七四八〕年三月十七日の事、尤も有松要七殿御付添、庄屋・組頭・小百姓まで小竹へ召し寄せられ候、尤も役目未進仕る科代と笈摺《おいずり》〔背の部分に罪状を書いた袖なしの薄い絆纏《はんてん》〕かけ引き廻し、

次郎介は庄屋にケ条十三ケ条入れ候由、御聞き通り成られ候

と、かねて「人柄勝れざる者」として目を付けられていた伝七は、「役目未進」という科で罰せられた。村の農耕作業は、村落共同体として農民が協力して行う作業によって成り立つ。田植、苗代、灌漑用水路の整備・浚渫《しゅんせつ》、道路の補修などすべて出方《でかた》という夫役《ぶやく》による作業であった。この夫役に応じない者は、役目未進として、村の決まりに背く者であり何らかの科を求められる。

伝七はよほどの横着者であったのであろう、彼は二月にも年貢未進につき、

本城村伝七・儀内未進仕り、木屋瀬入牢仰せ付けられ候事、右同年二月十七日、御組尾形彦蔵殿より言上これ有り、御郡代様御出郡の上にて

とあり、先月出牢したばかりで再度役目未進の重犯として重く罰せられ、笈摺を背にして触中を引き廻されたのである。

次郎介は庄屋に十三カ条の起請文を提出して聞き届けられた。農耕に出精しない惰農の存在は、村の田高による貢租に関わる許されざることである。本城村伝七は郡代までてこずら

せた人物で、庄屋甚吉方の盗難捜索の時にも目明惣次郎の手先となって盗賊召し捕りの妨害をするなど（9項参照）、村は勿論、触中を騒がせた狼藉者であったらしい。

9　盗賊横行し治安悪化

享保七（一七二二）年十二月のことである。新三郎、左吉の二軒に泥棒が入り、籾、そば、銭、卵、炭俵などを盗み取られた。これは翌年の六月の夜に、久七の女房に米壱升、炭俵に入れて貸したことから判明したが、犯人は捕えられていない。その他、盗人に入られても犯人を捕えるのは容易なことではなかったようだ。庄屋甚吉方も盗み取られた。

甚吉方馬屋おとしの下石を除け、おとしかけがねはずし盗人入り申す事、延享五〔一七四八〕年六月朔日の夜の事、盗品左の通り、甚吉殿古渋かたびら壱つ〔先代甚吉着用ものか〕・古単物壱つ・役所紙弐束余り、其の外に漉《すき》返し紙・銭四匁程小財布共に、孫太新き襦袢《じゅばん》壱つ・〔花紙入れ壱つ〕、母さらしかたびら壱つ、中泉《なかいずみ》おたけ絹帯壱筋、おてる分〔銀〕花色ちらし付振袖袷壱つ、くわちゃ振袖壱つ・さらし振袖かたびら壱つ・右内縁付かたびら壱つ・八丈物単物壱つ・女振袖襦袢壱つ・島繻子《しゅす》絹帯壱筋・もめん染帯壱筋・足袋壱足、おたけ絹袋壱つ・〔小麦種壱斗八升・くり豆七、八升〕・扇八本、都合廿弐品取り

申し候

と盗品のすべてについて書きとめているが、盗賊に襲われた庄屋甚吉方は村一番の素封家《そほうか》で、田高も村有数の田地持ちでもあった。享保八（一七二三）年の田植の様子を「萬年代記帳」は次のように記す。

庄屋甚吉田植に、村中雇い申す人数、兵丹は治作・万作・忠作・又八・惣六・又平・勘六・伊三次・善七・善蔵・二郎右衛門以上拾壱人、六月朔日に雇い申し候、同二日三平・権八・甚五平・七次郎・勘太郎・六平次・金八・久吉・曾市・清五郎・治平・小七・喜兵衛・又右衛門より吉三郎・甚二郎・清太郎・伊平次以上拾七人

二日間にわたる田植に二十八人を雇い入れ、広大な田んぼの中を代掻《しろか》き廻る牛馬、畦を走る苗くばりなど、まことに素封家にふさわしい壮観な田植であったであろう。壮大な農耕図を見る思いがする。盗賊もこのような大きな農家は獲物になると狙ったに違いない。盗難品の数々や家族構成、衣類の質などから近世農民上層部の風俗を散見することができる。

この盗難事件の解決の行方はどうなっていったか、「萬年代記帳」はその経過を次のよう

に綴る。

早速南良津村へ抱え居申す目明非人《めあかし》惣次郎へ申し遣《つかわ》し候処、磯光へ居申す杵蔵《きねぞう》と申し談じ、同村薬師堂へ盗人四人居申すに付、詮議仕掛け申し候処、山崎か南良津かは存ぜず、夕べ盗人へ入り申す由申すに付、取返し進ずべく由申すに、先当時酒代入り申すとて、銭三匁くれ候様に申すに付相渡し候、翌二日磯光へ当村より十人ばかり参り、宮山《みややま》を取り巻き、竜徳皮多も五人呼び寄せ申し候処、四人の内三人は同所石仏の方に登り申し候、壱人は下り居申し候処、庄屋方にて召し捕り綱をかけ申し候、此の盗人廿三の由、随分きれい成る生れ付、筑後松崎《まつざき》利八と申す者の由、夫《それ》より拙者方へ召し連れ参り候て、責にていわせ申す筈にて候え共、惣二郎と申す目明、かべに成りせめさせ申さず、夫《それ》より南良津の方へ召し連れ参り候処、彼の者女房産気付次郎市・伝七召し連れ帰り居申し候処、三軒屋前橋にて取放し申し候、尤も放し召し捕えにて召し連れ帰り居申す由に御座候、其の後尾形彦蔵殿南良津へ御出に付、御同人御詮議成られ候処、惣二郎も杵蔵も逃げ申し候に付、詮議の手掛り御座無く打ち止め申し候、其の後勝野へ居り申す番七・同村七二郎世話にて尋ねに参り候え共、此の者かけ廻り、惣二郎・杵蔵も逃げ申す由承り候、元来此の者共一所加り居申すに付、とやかくばかり申し、其の上にも盗み申すべくといたし申し候庄屋甚吉方の盗難について長々と記事を転載したが、江戸中期の農村の治安対策、あるいは衣食の一端を窺うことのできる貴重な資料として読み深めてみたい。

まず犯行の手口を見ると、馬屋おとしの下の石を除いて、馬屋の内側から貫木《かんぬき》の金をはずして屋内に侵入している。甚吉の家は村一番の豪農であり、往時大きな農家は農耕用の牛馬を飼い、家宅の一部に馬屋を設け、飼葉《かいば》などを家の内からも与えることができるように造られていた。この馬屋から侵入したのである。

盗難時は六月（旧暦）の暑い盛りで、盗まれた品々について詳しく書きとどめている。かたびら（帷子）は絹や麻布を用いた夏用の高級衣類である。また、「役所紙弐束余り」とあるが、江戸期の紙は高価なもので、庄屋には大庄屋、郡役所への連絡や毎年定例の名寄帳や人別帳などに多くの紙が必要であったので、郡役所から紙墨代が支給された。「萬年代記帳」に用いた紙も古紙の裏に書き続けたものであり、甚吉自身が漉き返していた紙も盗まれた。

被害者甚吉は早速、南良津村が抱えていた目明の惣次郎という者に犯人を探し出し召し捕えるよう申し渡した。目明とは「岡《おか》っ引《ぴき》」とも呼び、江戸町奉行では与力、同心などが奉行の手足となって市中の取り締まりや公事の吟味などの補佐をしたが、目明はこの同心の手下として犯人の捜査などに当たる小者で、正式の職制にはなく、同心が前科者や無頼《ぶらい》の徒、博《ばく》徒《と》などを充てていたらしい。十手の携帯も許されず、逮捕権もなかった。同心から小遣銭くらいもらっていたであろうが、定給はなかった。被害者甚吉も目明に酒代を無心されているが、彼らは公然と金品をゆすりたかったという。

四人の犯人のうち筑後松崎の利八という者を召し捕えはしたが、取り調べようとしても目明自身が妨害をして調べさせない。最後には三軒屋の前で取り放してしまっている。惣次郎も利八も杵蔵もぐるで盗んだ計画的な犯罪であった疑いが濃い。

その後、尾形彦蔵という奉行が南良津に来て詮議をしようとしたが、既に目明らは逃げ散り、この大盗難事件は何らの解決をみるに至らなかった。「蛇の道はへび」で、目明など全く当てにならなかったのだ。

この事件にとどまらず、「山崎村治平所盗人入申候事」、「盗人入り、布子弐つ……以上八品取り申し候事」、「貞七方へ盗人入り、かたびら壱つ水町甚蔵へも入り申す」、「甚介方へ盗人入り櫃壱つ、着類九つ都合十四五ほど取り申す事」、「甚吉方盗人逢い候事、裏のれんし(連子《れんじ》)弐本切り入れ申す……」など盗人入りの事犯は続々とあるが、すべて未解決のままである。郡役所にも盗賊改めなどの奉行職はあったのであろうが、御奉行尾形彦蔵なる人物は「萬年代記帳」に度々登場するも何の頼りにもならなかったらしい。盗賊たちの犯罪は次第に増幅して凶悪化し、村人の不安は増すばかりであった。

甚吉は村の治安の状況を次のように記す。

延享二〔一七四五〕年十二月より、所々おびただしき追剝・狼藉者徘徊致し候に付、少しにても日暮に及び候えば、決して壱人共は往来仕らず候、方々宮々寺々へも胡散《うさん》者引籠り申し候、極月《しわす》、翌正月二日よりわらび・かずねほり申し候、盗人所々に入り申し候事おびただしく、申しつくし難く候、所々にて押取申すに及ばず、切ころし申す者も多く御座候

日が暮れかかると村人は一人で外に出ることもできず、村の治安の悪化は極限に達していた。南良浦《ならうら》の作平の女房が強殺されたのは翌年の正月のことであった。

10　極悪非道の坊主を成敗

数年来不作が続き、村人の暮らしも苦しかった。盗人が横行し、村の人々は治安の悪化に怯《おび》えながら不安な毎日を送っていた。そんな時、村境の南良浦で極悪非道の強盗事件が起こった。

勝野村の内南良浦山番作平女房、延享三〔一七四六〕年正月十一日晩、狼藉者参り候て鎚にて頭うちわり打ころし、着類弐つ・米六升取り申し候、早速福岡御役所へ御注進仕り候処、御見届のため高村幸右衛門様御付真鍋市郎殿・河野杢次郎殿御出、其の外竹森代四郎殿・御傍筒《おそばづつ》御両人御入り込み成られ、御詮議の上寺社方より結縁《けちえん》証拠付〔仏となったことを証明〕同廿二日取り納め申し候由、埒明き申し候、右失物の品、村々へ盗み取り候か又は買い取り申す者有りなし御詮議のため、右御組都地藤兵衛殿・有松要七殿御両人、村別御廻り御詮議なられ候、右に付村々共に人柄不勝者、又は盗み等仕り候者入札《いれふだ》仕り候様にと高木源蔵・河野杢次郎殿山崎庄屋方へ南良津人別・水帳召し寄せられ、御詮議入札仰せ付けられ候事、正月廿七日、其の後山崎・勝野・南良津村々人別召し寄せられ入札仰せ付けられ候、其の後磯光・鶴田・山崎・南良津催合《もやい》入札廻り候事、同晦日の事

この事件は「萬年代記帳」の犯科に関する記事中、最も凶悪悲惨な事件として語り続けられるに違いない。勝野村の庄屋は事件発生後直ちに郡役所に注進し、犯人逮捕の初動捜査を始める。捕手の役人と思しき役人七名が現場南良浦の周辺の村々まで捜索している。

この初動捜査の手順は、江戸中期の直方領の行刑史を知る上で貴重な資料と言うことができる。まず、現代の関係文書の押収にも似て、村民の基本台帳とも言うべき人別帳、軸帳、名寄帳などを提出させ、捜査に当たる役人は各村々を廻り、事件にかかわりがあると疑われる人物あるいは過去に盗みなど犯科のある者を入札《いれふだ》させたり、目安制度の仕組にならって郡役所挙げての捜索がなされた。

しかし、犯人逮捕には至らなかった。被害者作平の女房は「結縁証拠付同廿二日取り納め申し候由」と、なんとか葬儀を終えた。

この事件は、こうした経過を経ながら迷宮入りかと思われたが、ふとしたことから結着を見ることになる。

勝野南良浦作平女房正月十一日夜打殺し坊主、小竹へ参り居候を召し捕り候事、延享三年五月十四、五日頃早速斗家《とや》に入れ番八人付け、福岡御役所へ注進仕り候処、御組衆御出木屋瀬入牢仰せ付けられ候事、五月十五日の事、木屋瀬牢より福岡の方に参り候事、同廿三日庄屋善七は六月七日に出福致し候、右の坊主は、組頭七次郎・久作が召し連れ赤間《あかま》通り参り候、作平も右同前参り候、右の坊主、秋月牢舎仰せ付けられ候て、六月廿日頃秋月領・福岡領境村にて成敗仰せ付けられ候、右坊主居住仕り候所の由承り候

犯人逮捕に難渋をきわめたこの事件も、呆気ない結末をもって一件落着を見た。それにしても坊主が極悪非道の罪を犯したものである。「成敗」とあり、見せしめのため犯人の居住地で斬首などの極刑に処せられたのであろう。甚吉は「……由承り候」と記している。犯人が、のこのこと小竹に立ち返るなど、狼籍者らの徒党一連の事犯であったと想像される。

11　植木村瀬別当遠島の事

犬鳴《いぬなき》川が遠賀川と合流する植木《うえき》は水運の要衝であった。直方領の年貢米をはじめ諸物資の運搬には主として遠賀川を利用した。特に各村の年貢米は川艜《かわひらた》によって若松《わかまつ》修多羅《すたら》の藩蔵に集荷された。「津出し《つだ》」と称し、各村の年貢米は所定の川岸まで運ばれ川艜に積み替えて遠賀川を下ったが、犬鳴川沿いの本城村や竜徳村などの川艜は小型であったため、合流点の植木で大型の川艜に積み替える必要があった。

夏場の遠賀川は灌漑用水として流域一帯の田を潤す幹線であったし、日照り続きの折には水量が減り、川艜の底がつかえて水運が渋滞したという。円滑な水運を維持管理するために、植木村には特に「瀬別当《せべつとう》」という管理役を設けていた。

植木村瀬別当半次郎夏大干の節ちと致し方悪しくこれ有り、木屋瀬へ入牢仰せ付けられ、いろいろ御理り申し上げ候え共御承引これ無く、遠島仰せ付けられ候事、元文四〔一七三九〕年九月の事、大嶋《おおしま》へ参り候由に御座候

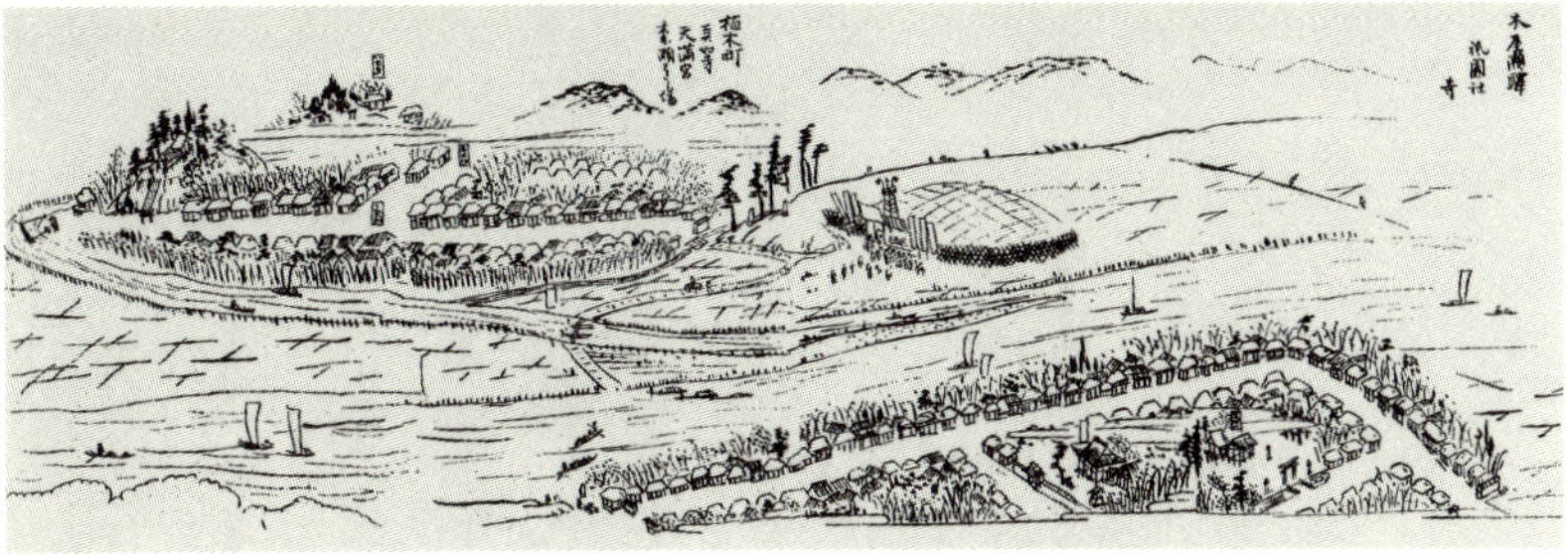

植木町の図（『筑前名所図会』〔福岡市博物館蔵〕より）

「ちと致し方悪しく」とだけあり、その事犯の内容は明らかではないが、遠島の罪に問われるほどのものかどうか、不気味なことである。一日でも早くと思う船頭は、瀬別当に賄賂を贈ってでも先を急いだのかも知れない。

遠島を仰せ付けられてから約五年間配流の身であった半次郎が、殿様厄晴れの恩赦によって帰参したことを、甚吉は五年後に追記している。

殿様御厄〔四十二歳〕晴に付、牢舎の者・遠島流人帰参仰せ付けられ候事、寛保三〔一七四三〕年五月の事

12　鳥類殺生は御法度

伊平次手負鶴《ておいづる》御役所へ指し上げ申す事、享保二〔一七一七〕年十一月三日、又右衛門・六介・曾市三人参り候、大浦谷《おおうらたに》に臥せり居り申し候、御拝領として御銀子拾五匁仰せ付けられ候、〔略〕同十八日伊平次召し連れ御役所へ罷り出候、村中へ酒もつ

続いて翌年、病気も快癒した藩主長清は、長崎勤番代行のため長崎に出発した。その年の秋、

兵丹甚六四反田《したんだ》にてほむせ《ママ》がん〔弱った雁か〕壱羽見つけ、早速御役所へ指し上げ申し候事、享保三年十月廿日、同廿二日に右のがん御拝領仰せ付けさせられ候、きの国やにて酒四升に替え申す由甚六申し候

秋になると、村は多くの鶴や雁が飛んで来たのであろう。

司馬江漢は天明八（一七八八）年の秋、長崎街道を旅し、『江漢西遊記』に「木屋の瀬と云駅より飯塚迄七里半の路なり。此間鶴多し。雁の如く幾むれも飛び、田の面におりて居るなり。多くは真奈鶴《まなづる》、黒ヅルは小ぶりにして頭の当り赤し。亦白鶴あり。大きさ真奈鶴の如し。全体白くして、口ばし、足、代赭《たいしゃ》色の色なり。雁は一向に居ず、又画にかく丹頂《たんちょう》と云鶴は且てなし」と書き、幕末の河井継之助《けいのすけ》も「此辺は別して鶴多し、殺生《せっしょう》禁制の為なり。鶴を取ると殺さる、由」と記している。

長崎街道が村中を通った新山崎村周辺にも、鶴ケ池・鶴田村・鴻《こう》の巣《す》・長井鶴《ながいつる》など鶴にゆかりの地名が多い。鶴は美味、珍重すべき食材で、庶民が口にすべきではなかったという。これらの珍鳥は捕獲、飼育を禁じられ、鳥類殺生は法度に触れるとされ処罰された。

倉久《くらひさ》村宅平と申す者、御法度の鶴打ち、小倉へ売りに参り候処、黒崎御番所にて御改め、それより召し捕られ、福岡へ御引成られ、段々責めに逢い候処、芹田《せりた》に両人申し出、それより八尋《やひろ》弐、三人売手、永谷《ながたに》・宗像辺も白状致し候、是も右同前福岡へ参り、責めに逢い申し候、それより木屋瀬、買手の者召し出され責め候処、竜徳村貞平・八尋弥八・上頓野《かみとんの》甚三郎・木月に壱人〔室木《むろき》善平・木屋瀬甚六買手也〕福岡よりからめ手の役人衆御入り込み成られ候事、延享二〔一七四五〕年十二月廿日頃の事、竜徳村貞平は役人御入り込み候えば、にわかに坊主に成り、福岡へ参り候、それ故分けて申し分立ちかねの由に御座候、御詮議の上出牢仰せ付けられ、宿本へ帰参仕り候事、延享三年三月九日の事、科料として銀三匁上納仰せ付けられ、持参の鉄炮御取り上げ成られ候

この事犯は、倉久村の宅平が鶴を打ち、それを小倉へ売りに行ったことが露見して福岡へ召し出され、拷問の上白状し、続々と累犯者が現れ、詮議の時間も約三カ月に及ぶ大公事ごとであった。

「公事方御定書」には、

二一　隠し鉄砲これあり村方咎めのこと
二二　御留場にて鳥殺生いたし候もの御仕置のこと

とあり、直方領においてもこれらの行為は違法とされた。「萬年代記帳」には他にも、「わなさし」、「とりもち」、あるいは雉を埘掛けして飼っていたとして咎められ、入牢あるいは科料に処せられたりした記録もある。

13　お伊勢参り始末記

「お伊勢さん」と親しまれた伊勢神宮は、中世以降武士から庶民へと信仰が広がり、江戸時代には「生涯に一度はお伊勢参り」と、全国から年間およそ六十万人を超える参宮者があったという。

直方領の地からも多くの農民や町人が参宮に旅立った。農村からは農閑期にあたる一月から二月に出立することが多かった。五、六人の集団でお参りしたり、中には「抜け参り」や「山口参り」などと称してお参りすることも流行した。

「萬年代記帳」の中にも「抜け参り」した者が数多く見られる。

伊平次事抜け参宮致され候事、〔元文四・一七三九年〕正月廿四日より、南良津より与次平・孫蔵・左次郎・孫七・正蔵・半市・太三郎七人、兵丹より助次郎追々に参り候、同所清蔵殿何角世話にて恙《つつが》無く三月十三日に帰宅致され候、日数四十九日ぶりに帰り申し候、舟は黒崎六右衛門舟徳久丸と申す舟十二段船、登りに八十銭にて七匁五分にて十一日乗り、帰りには八十銭八匁にて十二日海上乗り申され候、十四日晩は村中より樽入れ申し候、村中残らず御祓・扇くばり申され候、勝野・小竹よりも樽にて参り候、当村中は介三郎・仁平次両人の土産、兵丹も両人の土産、両人への樽也、南良津はくくり樽ならびに土産くくり御徳の者と乗り合わせ

伊平次の四十二歳の厄払いを兼ねて、十人もの集団で抜け参りをしたのである。抜け参りとは、親や主人の許しを得ず家を抜け出して参宮することであり、抜け参りのための家出は咎められなかったという。村中から酒樽が入り、無事参宮を終え帰参したことを皆で喜んだのだろう。

また、伊勢神宮では古くから二十年ごとに建て替える式年遷宮が行われてきた。一時中断したこともあったが、これまで二十年の約束は守り続けられているのである。式年遷宮とは、二十年を区切りとして神様に若がえっていただき、フレッシュな力強い神のエネルギーをいただいて、よりすばらしい時代を祈るということだという。二十年は、社殿の耐久面や技術においても信仰を伝承するのにふさわしい年限であったのだろう。

この新しい社殿の用材の伐り出しや運び出しに「山口祭《やまぐち》」という造営のための祭りが行われた。その祭りのために伊勢に出立した「山口参り」という参宮もあった。

孫太・甚助・助七・清助・半三郎・文蔵の母共に六人、延享五〔一七四八〕年二月廿二日より山口御参宮仕り候、同廿七日に六日ぶり帰り申し候、村中より廿四人、同廿八日昼樽入れ申し候、水町より善四郎・甚蔵・七郎次・作平四人同晩祝儀に参り候、兵丹より九人、南良津より九人、勝野より七二郎・源兵衛・伝九郎参り候

このような伊勢参宮に江戸中期から幕末にかけて多くの人々が旅立っていった。佐与《さよ》の半兵衛夫婦も参宮の旅に出た。

佐与の半兵衛夫婦参宮致され候事、延享元〔一七四四〕年五月十七日に立ち、七月廿四日、日数六十六日ぶりに帰り申し候、甚吉方土産は熊善さかずきならびに御祓扇子弐本・針・つけ木にて御座候、甚吉悦に参り候、八月九日肴持参り候

当時流行したとはいえ、二カ月に及ぶ大旅行である。無事に念願の参宮を終えた半兵衛夫婦は、たくさんの土産（熊善《くまぜん》の杯はかわらけか木を刳《く》った木盃、御祓は天照大神の御札、つけ木は杉や檜の薄片の一端に硫黄を塗りつけたもので、今のマッチ代わり）で旅の楽しさ、思い出を村の者たちにも分けてやりたいという気持から、伊勢名物をいろいろと買い求めた

のであろう。土産を持って甚吉方へお伊勢参りの旅の無事を報告した。ところが、

鯰田《なまずだ》庄屋の隠居藤七郎は往来なしに参宮致し候とて、佐与大庄屋半四郎言上致され候に付、右隠居半四郎方へお預け、庄屋兵七郎福岡へ御理りへ罷り出候、右藤七郎福岡へ召し出され、御役所にて額《ひたい》に入墨仰せ付けられ候、半兵衛同行仕り候とて科銀弐拾壱匁懸り由に御座候

同行した隠居藤七郎は往来手形を持っていなかったのである。江戸時代、他国に旅する場合には往来手形を持参しなければならなかった。現代のパスポートにも比せられるだろうが、何とも物々しいものである。

この往来手形については、田辺聖子著『姥は花ざかり花の旅笠』の女道中記の主人公小田宅子《いえこ》の母も伊勢参宮に出かけているが、その母の往来切手の申請時の書類が紹介されている。文化十（一八一三）年の願書である。

歳四十三　清七女房

一女壱人　浄土宗

右之女伊勢参宮仕り候　勿論《もちろん》他国へ逗留仕る者とて御座無く候　当三月四日発足仕り候
往来百日限り相仕舞《しま》い　罷《まか》り帰り　早速御切手指《さ》し上げ申す可《べ》く候　旦那寺より証文持参
仕る可く候　右之女に付き出入り（田辺注・もめごと）の儀ご座候ワバ　私共如何《いか》様とも
曲事《くせごと》（同・処罰）仰せ付けられ候　後日の為書き物件《くだん》の如し

文化十（一八一三）年

酉ノ三月

上底井野村

庄屋　藤四郎

組頭　伊六

同　伝三

井手勘七様

御役所

このように名前、姓別、宗旨、旅行目的・期間などを記し、庄屋が証明の上、大庄屋を通して役所に届け出て漸く入手できるもので、手形なしに他国への旅は御法度であった。往来手形なしで参宮した藤七郎は、福岡へ召し出され、額に入墨の刑を科せられた。その上藤七

伊勢参宮で宮川を渡った中川原の図（『日本図会全集　伊勢神宮名所図会』〔日本随筆大成刊行会〕より）

郎を随伴したとして、半兵衛まで「罰金弐拾壱匁」を申し付けられたのである。

〽伊勢に行きたい、伊勢路が見たい、
　せめて一生に一度でも
〽わしが国さはお伊勢が遠い、お伊
　勢恋しや参りたや　（伊勢音頭）

長年の念願をやっと叶えた藤七郎には思いもかけない災難であったが、同行した半兵衛までも罰せられるという、まことに気の毒なお伊勢参りであった。

享保飢饉以後、武士にも領民にも倹約令が何度も出され、各大名は藩政の立て直しに懸命であった。天明八（一七八八）年、倹約法度が出された中に次の項目がある。

「吉凶には他人の者大勢打寄申す間敷候事　其外伊勢参宮の類　見立酒迎堅仕り間敷銭別（餞別か）土産、親子の間取遣致し、其外は親族たりとも堅く取遣仕り間敷候事」（加藤文書）

とあり、冗費《じょうひ》の倹約が達せられた。それでも商売繁盛、豊作が続いたりすると、全国から「おかげ参り」と称して参拝者が押し寄せ、文政十三（一八三〇）年の三月から八月までの半年間に四六〇万人の参詣者があったといわれる。

姥《うば》ざかり小田宅子の旅立ちは、佐与の藤七郎が往来手形を持たず旅に出た科により入墨の刑に処せられてから約百年後の天保十二（一八四一）年のことである。伊勢はもちろん、京、大坂、善光寺、日光から江戸と五カ月の間、国中を旅し、無手形を咎められることもなかった。江戸も末期症状にあり、幕府の取り締まりも箍《たが》が緩んでいたか、郡役所も大庄屋など村役へのしめしもつかないほどに、民衆の力が無視できない時勢へと移り変わっていた。

14　帆牛和尚事件簿

直方藩の「元禄分限帳」（『黒田三藩分限帳』所収）の中に、早川瀬兵衛と称する武士が登場する。長柄頭《ながえがしら》、作事《さじ》奉行などの職制に属し、禄高百石の中級の士分であった。彼には帆《ぼん》牛《ぎゅう》和尚という禅僧の子息がいた。この帆牛和尚なる僧が直方御領を中心に次々と事件を起こし、長期間にわたって領民を巻き込んだ。

帆牛はまず、『芦屋町史』に次のように現れる。「清三郎は延享二（一七四五）年五月、神武社建立のことを藩庁に願い出、曹洞派の沙門帆牛の口ぞえもあって許可が下りたので、すぐ芦屋町の庄屋、組頭をはじめ有志と相談して浜《はま》山の土取《つちとり》というところに宮地を請いうけ、工事をすすめた」とある。禅僧の帆牛は禅門の作善《さぜん》としていろいろと力添えをしたものであろう。この発起人である清三郎は別件の藩政を揺るがすような事件にかかわった人物で、これについては別項（17項・156ページ）に譲る。

とにかく、禅僧としての帆牛の行動は遠賀郡周辺から始まる。以下、「萬年代記帳」によって帆牛和尚の事件を辿ることにしたい。

禅僧曹洞《そうとう》派僧帆牛和尚御国中郡々村々、捨子仕らざる候様にとの御説法に廻郷致され候事、延享二年三月当郡に入り込み、尤《もっと》も右の僧は直方早川瀬兵衛殿御子息の由、歳四拾歳に御成り成られ候、今度御上意を請け廻教致され候

帆牛は、村々を廻って捨子をしないよう説教したのである。しかも上意を請けたとあるので、藩の許可または藩命を受けてのことであった。年貢上納を至上命令とされた農民は、年貢を納めると、作った米も口にすることはできず、専ら雑穀を食べるしかなかった。凶作が続くと雑穀もなく、ワラビや葛根を掘って飢えを凌いだが、貧窮極まった親の中には生み落とした子を捨てる者も多かった。藩はそれらの対策に養育方を設け、大庄屋、庄屋に対し貧民の産子《うぶこ》に対する福祉に意を用いさせたが、農民の生活は容易に立ち直らなかった。

享保十七（一七三二）年十二月、福岡藩は「近頃捨子多くこれ有る通り相聞候、猥《みだり》に捨て申す儀にてこれ無く候、吟味の上紛《まぎらわ》敷しき儀これ有るに於ては後日にあらわれるといふ共、其の科軽《とが》からず候事」（『飯塚市誌』）と御触れし、明和元（一七六四）年、明和六年にも同様の捨子禁止令を出しているが、なお凶作が続くと池沼に捨子の菰《こも》包みが浮かんでいたという。

帆牛和尚が作善の行として廻郡御説教したことは諒とできるが……。

村々共に出家中の事、さんざんに悪口、社人〔神職〕・山伏・医者其の上〔後生人頭取とて〕木月甚三郎・木屋瀬大工久右衛門・永満寺《えいまんじ》甚作・中泉善七、下境市右衛門、上境にもこれ有り、後生人とて光勝寺すすめ悪しきとて殊の外悪口、上木月村共庄屋弥七出合申さずとて、遠島の筈申し付けられ候、〔段々理りにて埒明き申し候、〕宗像郡へも庄屋遠島申し付けられ候 咄《はなし》仕る、右の僧食物は豆腐・こんにゃく其の外くさき物、酒・たばこ一切給じ申されず候、それ故の参詣者もたばこ給じ申す事相成り申さず候、寺院これ有る村は其の寺にて説法、三、四ケ村ほど御寄り成られ候、当郡は遠賀郡より移り、木月より、段々植木寄・木屋瀬寄・永満寺寄・下境寄、同廿四日山部雲心寺寄り、同廿五日直方円徳《えんとく》寺親瀬兵衛殿御旦那寺故、御説法成られ候、それより竜徳寄、本城・宮田・大隈《おおくま》・鶴田・磯光《いそみつ》・若宮の方に御入り込み、穂波《ほなみ》移り御出かけ勝野寄り、此の辺南良津・山崎・勝野・新多四ケ村、小竹竜徳寺にて、四月三日御説法にて御座候、御機嫌伺いに四月朔日稲光《いなみつ》まで参り申し候、尤も小竹又九郎方宿にて、三夜御泊り遊ばされ候

この僧の説教の範囲は遠賀、鞍手、宗像まで広範囲にわたり、「葷酒《くんしゅ》山門に入らず」を実行しながら精力的な布教活動を展開した。廻郡中、「後生人」には特に悪口雑言《あっこうぞうごん》し、遠島を仰せ付けたというひどい話も伝わってきた。庄屋甚吉はこの僧の行動に不信を持ちながらも

後難を慮《おもんぱか》り稲光まで御機嫌伺いに出向いている。

主として悪口の対象となった「後生人」とは次のように解される。真宗門徒が、蓮如《れんによ》上人の「御文章」や領解《りょうげ》文の「後生の一大事を阿弥陀仏にたのみまいらせて……」と、自力作善の聖道門とは相容れない専守念仏の他力を本願とする人のことであろう。

帆牛和尚の説教行道は、捨子禁止の説教から逸脱して次第に改宗運動に変化していく。この和尚には意外にも次のような面もあった。

右和尚御能書《のうしょ》の由、勝野庄屋善七を頼み掛絵壱枚調《ととの》え申し候、尤も唐紙直方金一屋・音羽屋にて求め申し候、勝野に五枚、南良津弥助弐枚、甚十郎壱枚都合八枚調え申し候、尤も壱枚代四十文にて調え候、恐れ乍《なが》ら日本に数多《あまた》はこれ無き由に御座候、それ故所々にて望申す者多く御座候、唐紙大かた買上げ申し候、右の内勝野庄屋分ばかり弐枚調え申さず、相残り候分は調えくれられ申さず候

日本には数多くはないほどの書き手であるらしいとされるが、領民の不案内に乗じた食わせ者でもあったか、押し付けがましい御説教や詐欺めいた書画の制作に腹を立てたか。

高村幸右衛門様御組真鍋市郎殿事、若宮にて帆牛和尚へ乗打ち致され候に付、其の段福岡へ再三申し参り御扶持放れ無役に成られ候事、延享二年三月の事

帆牛和尚の行動に異を唱え、乗り打ちをかけた武士が扶持を取り上げられ、役儀召し上げの罰を受けるという事件の犠牲者が遂に現れたが、和尚の行為はさらに激化していった。

四月、帆牛和尚村々御廻郷、其の上村々四、五ケ村ずつ御寄せ成られ、御教化成られ候、其の節後生人頭取御詮議これ有り候、中泉善七・上境に壱人・永満寺甚作・木屋瀬大工久右衛門・植木壱人・木月に三人、右の者共木屋瀬・黒崎牢舎仰せ付けられ候事、八月末日の事、其の外後生人は残らず福岡御役所へ召し出され候事、九月朔日の事、惣体《そうたい》頓野触廿三ケ村の内後生人六拾七人の由、此の内に尼法師共に此の辺にては、御徳・鶴田共は九人ほどこれ有る由、酒屋兄弟共に参り候、此の節これ無き村は新多・山崎・南良津・磯光・大隈・勝野、此の村々は御座無く候に付御呼出に逢い申さず候、尤も福岡へ召し出され候て別条相替える儀もこれ無く候え共、後生人真宗は寺替え仰せ付けられ、禅宗・法華宗・浄土宗の間に寺替え仕り候様に仰せ付けられ候由に御座候、さて又右に付、村々真宗坊主残らず三ケ寺より参られ、出福致され候、下境庄屋孫七右同前役儀召し放たれ、木屋瀬牢

舎仰せ付けられ候事、九月朔日の事、同人出牢仰せ付けられ候事、同廿四日、ならびに月代《さかやき》は御免仰せ付けられず候、惣体真宗出家衆、同廿四、五日頃埒明き帰り申し候、右替宗仰せ付けられ候処、前々の通り替宗御免成られ勧化《かんげ》仕り候様に仰せ付けられ候、惣じて真宗旦那は残らず禅・法華・浄土に替宗にて御座候え共、三百十九人坊主連判にて願出候に付、願の通り前々の通り仰せ付けられ候、右の孫七事、御詮議の上十月三日頃出牢仰せ付けられ候て、庄屋役儀前々の通り相勤め候様に仰せ付けられ、首尾よく埒明き申し候

強引な帆牛和尚の行動は真宗門徒の替宗に一端功を奏したかに見えたが、真宗後生人の三百余人の連判の集団行動に阻まれ、やっと埒が明ける気配が見えた。

真宗替宗仰せ付けらる旨、帆牛和尚より成り行き候処、御上に他国より押し懸け、次に日《ひ》田《た》御代官まで福岡へ御出成られ候処、帆牛すすめとは別けて次第宜《よろ》しからず、それ故替宗も御免仰せ付けられ、前の通り仰せ付けられ候、帆牛真宗坊主其の外後生人頭取は木屋瀬・黒崎に牢舎致し候え共、他国他領より、肥前辺より、真宗派の出家、御代官福岡へ詰め懸けられ候故、御上ならびに御当職六郎太夫様にて御差し閊《つかえ》に相成り、帆牛は遠島に仰せ付けられ候え共、御慈悲の上追払い候様に仰せ付けられ候、此の辺飯塚表へ参り、ひそか

にかくれ居り申し候、それより山野弟子兄これ有り、同所へも暫時居られ申し、それより木屋瀬の方へ夜船にて下り申され候由風聞に候

あわや他国他領の門徒集団は代官まで巻き込んだ一向一揆になるやも知れぬ状態になり、御上も国家老六郎太夫も憂慮し、事態の解決に向けて動いた。処理の結末は模糊《もこ》としてはっきりしないが、御慈悲ある閏刑により、事件の中心人物帆牛和尚は夜船に乗り遠賀川を下って姿をくらました。

直方領を中心に周辺の他郡領の領民、後生人を震え上がらせたこの大事件は後味の悪い有耶無耶な結末で幕を閉じた。

15　街道掃除を怠り入牢

新山崎村から南良津村へは村なかを長崎街道が通じており、村人は「往還」と呼んでいた。貴賤を問わず多くの旅人が行き交った。

享保十二（一七二七）年十二月の夜、庄屋甚吉宅で年貢未進の処置について散使《さんし》（庄屋の下で書記や会計に当たった人）与三郎を中心に数人の者が会合していたところ、

秋月様江戸御下りの時直方通り御通り成られ候由申し参り候て、夜通し道作り申し候

とあるが、往還の維持管理は村人の負担になることが多かった。

往還筋道、村々請持に相成り候事、延享三（一七四六）年十月廿二日に道割御座候、傍示《ぼうじ》杭立申し候、山崎道南良津二本松辺にて渡り申し候

「傍示《ぼうじ》奉行」が各村に往還の請持分を定め、杭を立てて境界を示した。各村の請持区は往還請方を設けて街道整備に充てた。

南良津村清平、往還請方道無掃除に御傍筒より言上これ有り、木屋瀬入牢仰せ付けられ候事、延享四〔一七四七〕年九月廿三日也、出牢仰せ付けられ候事、十月八日の事

往還の掃除をしなかった科として十日余り入牢させられた。酷《むご》い話である。

話が横道にそれるが、ケンペルは元禄四（一六九一）年と翌年二度にわたりオランダの江戸参府旅行に随行し、詳細な旅行記を著したことは衆知の通りである。ケンペルは彼ら一行の旅した街道の様子を次のように書いている。

「陸路を行くと、第一の区間である西海道の一部と東海道では、その間にある町や村を除いて、木陰をつくって旅行者を楽しませるように、松の木が街道の両側に狭い間隔でまっすぐに並んで植えてある。雨に対しては簡単な排水口があって、低い畑地に流れるようになっているし、みごとな土提が高く築かれているが、これは流れる雨水を防ぐためである。それゆえ旅行者は、雨天続きの時には地面を歩かねばならないが、普段は良い道が前方にひらけているわけである。身分の高い人が旅行する場合には、街道は直前に箒で掃除され、また両

側には数日前に砂が運ばれ小さい山が作られるが、これは万一到着の時に雨でも降ればこの砂をまきちらして道を乾かすためである」

また、ケンペル参府旅行から八十五年後、ツュンベリーも随行記の中で次のように書いている。

「この国の道路は一年中良好な状態であり、広く、かつ排水用の溝を備えている。そしてオランダ人の参府の旅と同様、毎年、藩主たちが参府の旅を行なわざるを得ないこの時期は、とくに良好な状態に保たれている。道に砂がまかれるだけでなく、旅人の到着前には箒で掃いて、すべての汚物や馬糞を念入りに取り払い、そして埃に悩まされる暑い時期には、水を撒き散らす」

このようにオランダ人が驚嘆の眼を瞠《みは》った街道の整備は、街道沿いの各村々の領民の清掃管理のお陰であったことを思えば、南良津の清平の厳罰も止むを得ないか。

16 「日本左衛門」召し捕えられる

歌舞伎の演目『白浪五人男』と呼ばれる有名な芝居に登場する人物の一人・日本駄右衛門は、延享年間国中を騒がせた大盗賊団の頭領日本左衛門のことである。この日本左衛門を召し捕るため、福岡藩直方領まで江戸から捕方の下知《げち》がなされ、竜徳触新山崎村も詮議に及んだ。甚吉は驚いて記した。延享三（一七四六）年秋のこと、

江戸紅葉《もみじ》山、天下の御銀倉に入り、四千万貫目の銀盗取候に付、御尋者に相成り候、尤も其の者の名浜嶋正兵衛とは実名申し候、実名《ママ》日本左衛門と申し、背五尺八、九寸、歳弐拾九才、月代に引疵《きず》壱寸五寸《ママ》、衣類絹布着致し候、御国中御詮議のため、御足軽頭河村庄五郎様福丸《ふくまる》村に於て、十一月廿七日竜徳・水原両触御詮議成られ候、庄五郎様知行三百五拾石の由、同年十一月十一日に岩見殿様御家中にて召し捕り、江戸へ御行早速牢舎仰せ付けられ候由に御座候

とあり、罪科の大要と人相書のあらましを記している。主殺し、親殺しなどの逆罪（大罪）を除き、盗賊に対して人相書をもって全国のお訊ね者にした例はないという。下知の人相書は、三田村鳶魚《えんぎょ》によれば当時のものは今も写しが残っているという（『三田村鳶魚全集』十四巻より）。

無宿浪人十右衛門事
浜島庄兵衛

一　丈五尺八寸ほど（但しくぢら尺にて三尺九寸）
一　歳二十九歳　見かけ三十一、二歳ぐらゐ
一　月額《さかやき》濃く引疵一寸五分程有
一　色白く歯並常の通り
一　目の中細く
一　鼻すぢ通り
一　顔おも長なる方
一　えり右の方へかたぎ罷在候
一　中びん少そり（但し元結十本程巻）

一　右外逃出候節着用の品
琥珀檳榔子《こはくびんろうじ》小袖、但紋所丸の内に橘《たちばな》　下に萌黄紬《もえぎつむぎ》、紋所同断　白郡内《ぐんない》の襦袢
脇差、無地金覆輪《きんぷくりん》、模様さめ、真鍮筋かね有
小柄生ものいろいろ
切羽はゞき、金鞘黒、小尻銀張
鼻紙袋、萌黄羅紗、但裏金入印籠、但鳥の蒔絵

立派な男前で、身につけたもの、持物もさすが大盗賊の頭領にふさわしい。甚吉の目にした人相書もその一部を正確に書きとめている。甚吉の記事の中に「江戸紅葉山」とあるのは、江戸城内の紅葉山と称する所であろう。往時城内の最も聖域であり、江戸開府初代の徳川家康を祀った東照宮があり、家康が収集した古典書の収蔵庫や具足、武器などの秘宝蔵が六棟あったという。現在、皇居の吹上御苑の位置である。

金蔵は江戸城内の蓮池など別にあり、甚吉が記した罪状にある四千万貫目の銀を盗んだかどうかは史実に明らかではない。幕府から指し向けられた足軽頭河村庄五郎が竜徳触を詮議に来た時には、すでに日本左衛門は召し捕えられて江戸送りとなっていた。甚吉は後日聞き及んだことを追記しているのである。

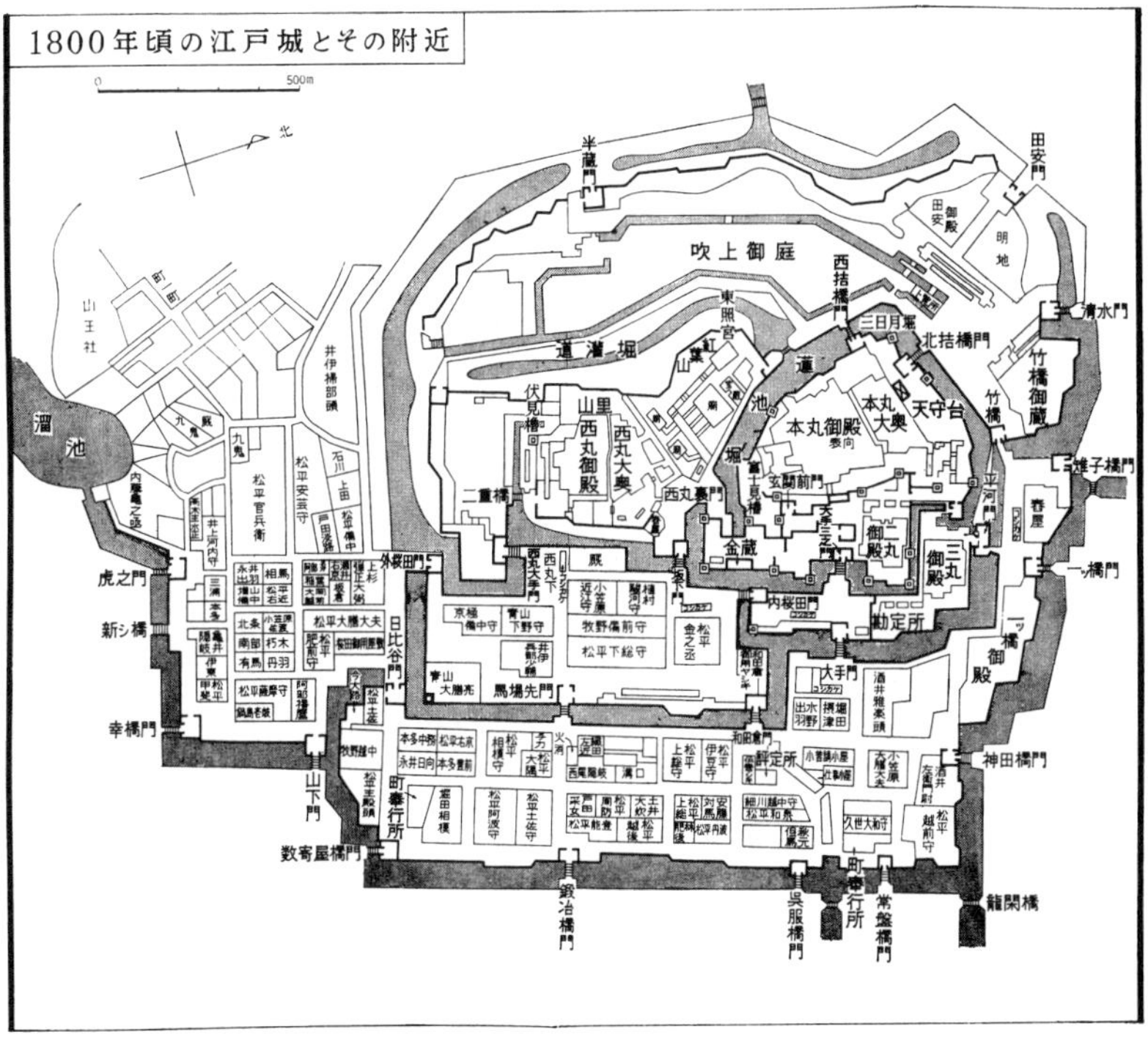

1800年頃の江戸城とその周辺（村井益男著『江戸城』〔中公新書〕より）

さて、この日本左衛門の所業と成行については『三田村鳶魚全集』に詳しい。国中を荒し廻った日本左衛門は、三十人余の手下がおり、泥棒団体とも言うべき盗賊団体の首領である。美濃《みの》、尾張《おわり》、三河《みかわ》、遠江《とおとうみ》、甲斐《かい》、伊豆《いず》、駿河《するが》、相模《さがみ》の八カ国を股にかけ、中産以下には目もくれず、諸大名や不義非道で蓄財した豪商や大百姓を対象にゆすり、押込みなどして強奪を重ね、奪った財物を困窮の者に恵んだりして、一時は義賊と呼ばれたこともあったが、博打・強盗を常とし、その凶状がすさまじくて誰も手を出し切れず、代官所さえ見送るしかなかった。

思い余った被害者が、公儀の御威光によるしかないと江戸表へ上訴した。延享三（一七四六）年、ある庚申待《こうしんまち》の夜の博打場で召し捕えられた手下の者の白状から、日本左衛門は人相書まで付せられ全国指名手配となったのである。妾《めかけ》も五人いたというし、美濃や伊勢を逃げ廻り、長門《ながと》、下関《しものせき》にも逃げてきたという。

延享三年正月七日、追いつめられた日本左衛門こと浜島庄兵衛は、麻の上下に大小を帯び、京の町奉行永井丹波守の玄関に単身出頭自首した。京で吟味の上、正月二十八日江戸へ送られ、江戸町奉行で再度の吟味により次のように裁かれた。犯罪を犯した者が自首した場合、その者の罪を赦免し、あるいは減罪することもあったが、日本左衛門のような大盗賊は将来悔悛することは期待不可能として極刑を免れることはできなかった。

無宿十右衛門事

異名　日本左衛門

延享四年正月廿八日入牢、浜島庄兵衛二十九歳　右の者儀、身持不埒に付、親の勘当を請け、無宿になり、諸所徘徊いたし、大勢申合、美濃・尾張・遠江その外六七ケ国押込強盗金銀押取候段、白状に載《の》せ候処　重重不届至極に付、町中引廻の上、牢屋敷に於て首を刎ね、遠州見附に於て獄門

（『三田村鳶魚全集』十四巻）

と申し渡され、庄兵衛悪業の根拠地であった東海道見付宿に他の者と四つの首が獄門に晒らされ、国中を騒がせた大事件も漸く落着した。その後、この事件は河竹黙阿弥によって脚色され、『白浪五人男』と呼ばれる歌舞伎の演目として演じ続けられている。

17　黒田藩重臣吉田家一統の大変

『黒田家譜』の継高記によれば、次のように吉田七左衛門に突如として厳譴《げんせき》を行っている。

「吉田七左衛門に兼て財用方当職〔国家老〕を命じ置《おか》れけるが、継高の心に叶《かなわ》ざる事有て、六月十一日〔宝暦二年〕〔黒田〕美作《みまさか》が宅に於て押て隠居せしめ、さきに返し賜りたる弐千石を又減じ、与へ置れし諱《いみな》の一字をも削りて、嫡子安次郎に五千石余を与へ中老とせらる。（略）その後九月五日安次郎父子共に閉門せしめ、十月四日安次郎が領地を没収し、安次郎及祖父雲遅夫婦を立花次郎太夫に預られ、その領地粕屋郡薦野村に幽居せしめ、七左衛門夫婦男女六人は、矢野安太夫預りて那珂《なか》郡下梶原《かじわら》村に配居せしむ」

配居させられた吉田七左衛門保年《やすとし》は、『吉田家伝録』によると、吉田家七代目の当主であり、吉田家といえば、福岡藩初代藩主黒田長政の父黒田如水《じょすい》の家臣として仕え、豊臣秀吉の九州統一の薩摩征伐時には吉田重成《しげなり》が父長利《ながとし》に従い初陣として従軍し、長利は左股の半より膝頭に刀傷を受けるなど奮戦し、勲功を賞された。さらに秀吉の朝鮮出兵の折、文禄・慶長の役にも出陣、続いて寛永十四（一六三七）年の島原の乱にも吉田長利・重成父子とも参戦し、果敢な戦をした。

この島原の乱において長利は遂に戦死する。藩祖長政の播磨《はりま》時代からの股肱《ここう》の臣として軍功著しい吉田長利は、その子重成とともに、黒田家の重臣としてその後子々孫々に至るまで藩政の中枢にあって功労をたてた。

黒田長政は死去に当たり、遺言によって四男長興《ながおき》に五万石を分与し秋月藩とし、五男高政《たかまさ》に四万石を分与し東連寺藩（のち直方藩と改める）を立藩させた。東連寺藩主高政は当時弱冠十二歳であり、この若い藩主の補佐役として重臣吉田壱岐《いき》守長利を側近く召し置き、藩の運営に当たらせた。吉田壱岐守は、東連寺藩の基盤が落ち着くまで藩地にとどまるようにとのことで、現鞍手町中山《なかやま》に一時期居住して藩主高政を支えたという。

東連寺藩は三代長寛《ながひろ》の時、延享五（一七四八）年、宗家福岡藩を相続し中断するが、長清《ながきよ》が元禄二（一六八九）年直方藩と改名、四代藩主として襲封する。その嗣子継高が本藩襲封のため、直方藩は享保五（一七二〇）年二月除封となり、本藩支配となる。

短命の小藩ながら譜代の重臣として立藩の衝に当たり、直方藩廃藩後も直方領の運営にも格別の力を尽くすとともに、本藩の家老などを勤め、吉田家一統の歴代にわたる福岡藩への貢献は際立っていた。

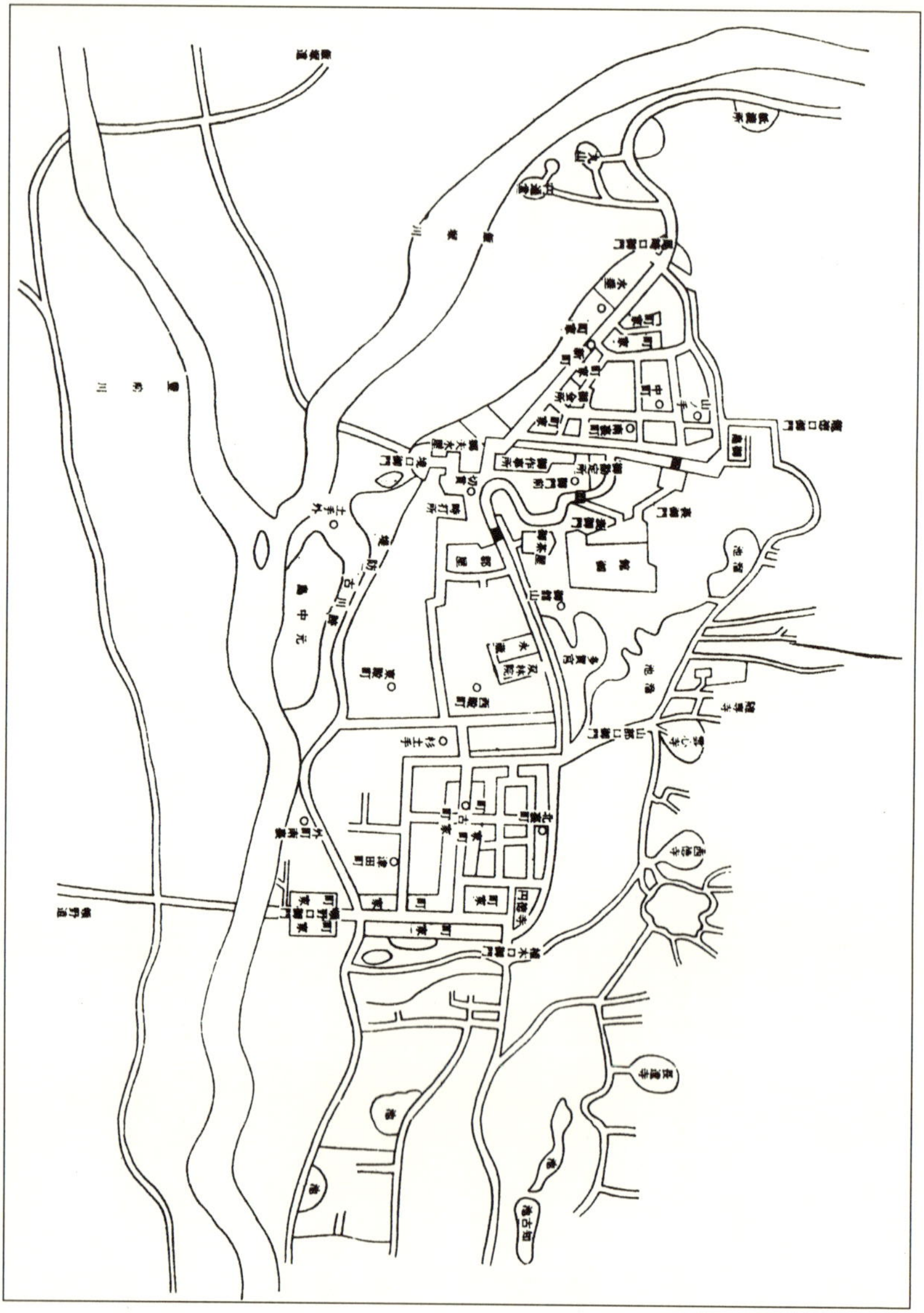

直方藩旧跡図（『直方市史』より）

【吉田家系略図】

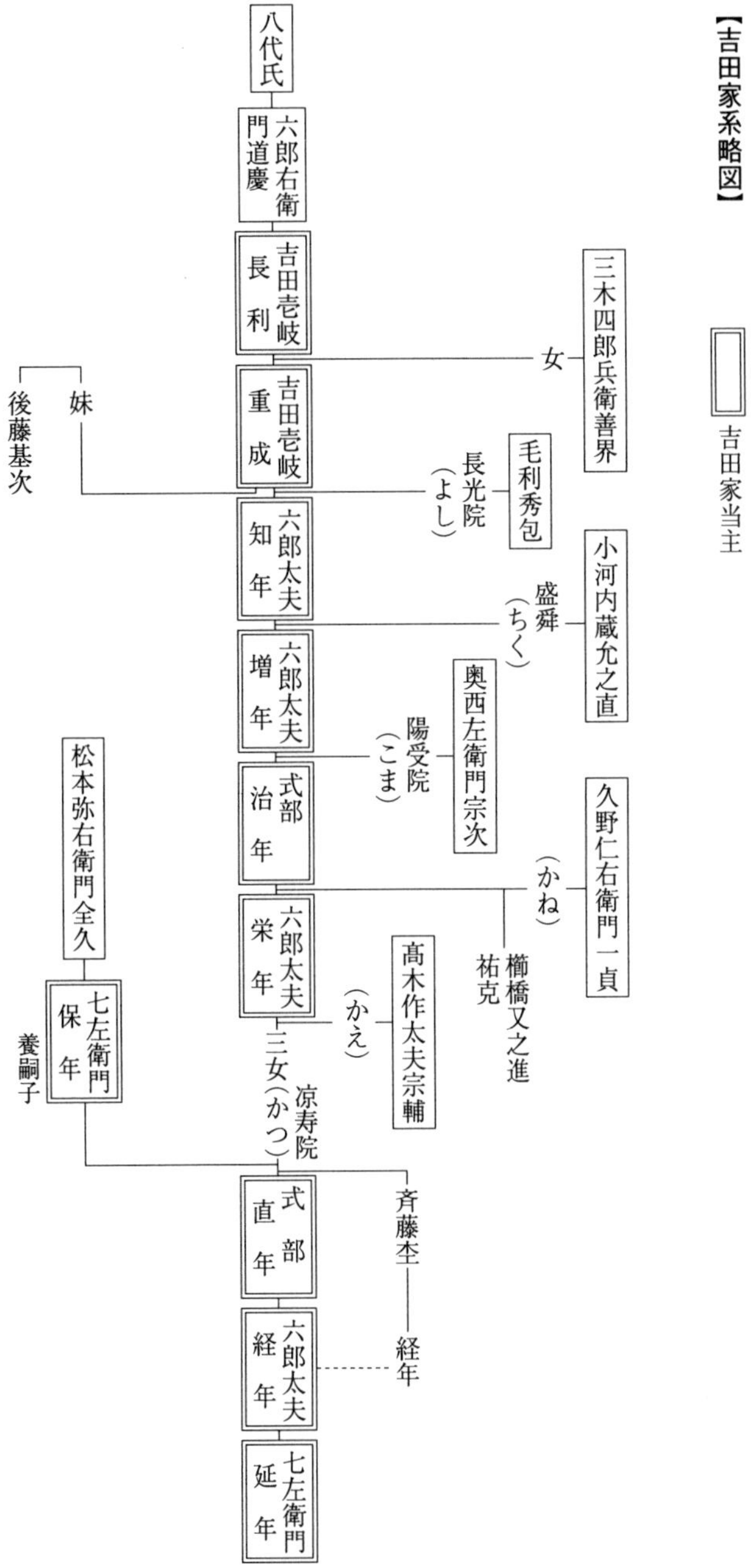
吉田家当主
三木四郎兵衛善界
女
八代氏
六郎右衛門道慶
吉田壱岐長利
吉田壱岐重成
毛利秀包
長光院（よし）
小河内蔵允之直
盛舜（ちく）
六郎太夫知年
奥西左衛門宗次
陽受院（こま）
六郎太夫増年
式部治年
久野仁右衛門一貞
（かね）
櫛橋又之進祐克
六郎太夫栄年
高木作太夫宗輔
（かえ）
三女（かつ）涼寿院
斉藤杢
経年
式部直年
六郎太夫経年
七左衛門延年
松本弥右衛門全久
七左衛門保年
養嗣子
妹
後藤基次

江戸時代、武士の家禄は家柄とか先祖の勲功とかをもって決まっていた。四千石の吉田家の家禄は加増され、七千石に達していた。ところが、七代の七左衛門保年に至り、吉田家にとって大事件が生じたのである。庄屋甚吉も知った。

御当職吉田七左衛門様御前より御暇《ひま》仰せ付けられ、御城内御除《さが》り成られ、大名町へ御引取り成られ候、知行召し上げられ、御子息直年《なおとし》様へ新きに付け申し候、右七千石知行御引上げ、御子息に新きに五千石仰せ付けられ候事、宝暦二〔一七五二〕年六月の事、七左衛門様名御改め成られ、町ノ五助《ごすけ》と御改成られ候由承り申し候

御当職とは、藩の国政と財政を統合して藩政の全般を掌握する国家老である。この藩政の中枢部に起こった大事件である。さらに、

御当職吉田七左衛門様御休みに相成り、其の上御上より別ての御とがめに付、吉田一統の諸役人は十八人ほど御引上げ、役御免仰せ付けられ候、久原《くばら》へ在宅久野勘介《ひさのかんすけ》様、城戸《きど》へ在宅平井又七様、右御兄弟御役儀御免、嘉麻・穂波は又七殿御山目付御取り上げ、鞍手御受持頓野へ在宅栗本次大夫様へ鞍手・嘉麻・穂波三郡御受持仰せ付けられ候事、右同年七月

より、怡土《いと》・早良表へ御掛り成られ候勘太夫《かんだゆう》殿と申す吉田家も御取り上げ相成り候由承り申し候、右御家中大もめ、別て七左衛門様御憎しみ深く、箱崎《はこざき》辺へ御引取りの由承り候得共、是も決定仕らず、御同人様御下屋敷御引取り、御屋敷廻りおびただしき番人、木屋掛け致し相詰め居り申し候

逼塞閉門させ、幽居の家の周囲を多くの番人に見張らせるほど七左衛門に対する継高の憎しみも深かったのであろうが、七左衛門も憎しみの因が何処にあるか充分に分かっていた。藩財政上の問題であろう。藩に対し長文の口上書を書き、衷心より諫鼓《かんこ》・木鐸《ぼくたく》の意を述べた。『吉田家伝録』保年勤事之章に、七左衛門保年は次のように慨嘆し諫《いさ》める。

「勿論最初より右体（一統咎めのこと）の儀は覚悟の前にて候へば、上に対し恨み奉る様なことは毛頭御座無く趣を申し上げ、端を改めまた御意遊ばさるるは近来に至つて御政事おだやかならず、御財用御指しつかえ四民御撫育御手に及ばれず御当惑先年の儀御後悔至極に候、色々御工夫遊ばされ候得共外に成され方の御手段も無之、此上は久兵衛《きゅうべえ》（保年）再勤御当職仰せ付られ……」と申し上げて退却した。

国家老が役儀も知行も召し上げられ、改易に等しい「町ノ五助」と名を改め逼塞させられ、吉田家一統が連座するという藩を揺るがす事件については、小さな村の庄屋たちにも情報が

届いたのであろう。甚吉も事の成り行きに注目し、記録し続ける。「御上より別ての御とがめ」とは何か。事件と関わりのありそうなことが甚吉の耳に入る。

御当職吉田七左衛門様御成行に付、芦屋町俵屋《たわらや》清三郎御当職銀引受け居り申す由、御詮議の上、捕手の役人入り込み、手錠おろし赤間《あかま》通り福岡の方に参られ候事、右同年九月中頃、其の上橋口牢舎にて次第御聞き成られ、出牢仰せ付けられ候事、同月の事、右同断飯塚町古川孫兵衛も同前御詮議に掛り候え共、是は申し分宜しに付、滞り無く相済み申し候、右清三郎事、宝暦四〔一七五四〕年二月卒中にて相果て申され候、歳四十弐才の由に御座候

この芦屋町俵屋清三郎なる人物は『芦屋町史』や『直方市史』にも登場する人物で、「芦屋千軒」と呼ばれたほど繁昌した芦屋の町人の中でも、酒造を業とし諸国と交易して財をなした豪商であった。「御当職銀引受居り申す由」とあるように、御用達商人であり、蓄積した財貨を大名や武士に貸し付け高利でさらに蓄積を重ねていた。

江戸時代の武士が借金を抱えていた話は数多く、借金した大名や武士は次第に権威を失墜していった。飯塚の古川孫兵衛も「萬年代記帳」中に度々登場し、ある村が飢饉で藩に救いのための銀を借りたい旨願い出たところ、許しが出た拝借銀は古川孫兵衛から渡されている。

このように藩の財政に深く喰い込んでいた。

御当職吉田家一統を厳譴に処さざるを得なかった理由の一端が見える気がする。藩主継高《つぎたか》の苦衷を示す「旧功の者の子孫」あるいは「譜代の家柄なれば」などといった言葉が継高記に散見する。この苦悩を超えても処罰せざるを得ない「別ての御とがめ」には、豪商たちの御詮議だけではなく、他の因もまた存在したかも知れない。

藩主継高の官位昇進を甚吉は次のように記録する。

殿様御官位御上り遊ばされ、四位《しい》の少将様と唱え奉り候事、宝暦元〔一七五一〕年十二月十八日より、江戸御城に於て仰せ出させられ候由、以後少将様と申し奉る候様に御触御座候事

継高昇進のため殿様昇進祝いとして嘉麻・穂波大庄屋、鞍手からも御祝儀として米や銀を納めている。殿様昇進はめでたいことながら、領民にもまた雑用があったであろうし、藩主継高も昇進のため幕府や朝廷など諸方面に賄《まいない》を必要としたことであろう。なお、「四位の少将」とは、天皇の側近を警護する左右近衛府の一官位であり、大名家の家格に関わることから諸大名の関心が高かった。江戸時代末まで存続したが、軍事的役割は次第に低下していた。

吉田七左衛門が失脚させられたのは翌年の六月のこと、吉田家一統連座しての御役御免は七月のことである。

翌宝暦三年二月に、

殿様少将様の御位に御成り成らせられ候、御祝儀の御能御館に於て拝見仰せ付られ候事、宝暦三年二月三日は御家中ならびに両市中〔福岡・博多〕町人・年寄、同六日は御国中村々大庄屋をはじめ、村庄屋ならびに寸志指し上げ候面々、同四日に福岡へ罷り出、六日に拝見仰せ付けられ候、尤も五日の夕九ツ時下《しも》の橋《はし》御門へ相揃い候、竜徳触より大庄屋九郎五郎殿子息権蔵殿、庄屋中は竜徳甚五郎・本城作右衛門・上新入長四郎・下新入介市・知古物三郎・直方庄介・南良津弥介・山崎甚吉・勝野七次郎・鶴田源四郎・磯光六郎七拾壱人、参らざる庄屋、新多加兵衛・宮田伝三郎・山部直次にて御座候、竜徳触寸志上げ候者、上新入介左衛門・下新入伊七・儀右衛門、直方よりきの国屋次郎兵衛・塩屋次郎右衛門・金一屋治七・音羽屋忠右衛門・音羽屋勘右衛門・新町孫次郎・伝吉・又七・弥四郎・堺屋助吉、小竹より又九郎・兵太郎・源次郎、勝野より久四郎罷り出候、御能は五ツ半より八ツ半〔午前九時より午後三時〕まで、御昼食かわらけ銘々六人間徳利壱つずつ甚吉もこの昇進祝いの宴に出席し、観能後、かわらけ（土器の杯）で祝杯をあげた。直方領内の大庄屋、庄屋、豪商たちが招待された盛大な祝賀の宴であった。

ところが、年貢米上納が延引したとして、二十三日まで福岡へ滞留の上お咎めにあった。

酉《とり》の二月四日に御能拝見に四触大庄屋中福岡へ罷り出候上、御能以後払切延引に付、大庄屋中御郡代様より御咎めに逢い申され候

殿様昇進に招かれた甚吉は、藩内中枢部の諸役の不統一と藩政の混乱も見抜いていたか。

御家老郡正太夫様家老職御免成られ、〔略〕正太夫様御中老に御成り成られ候

この目まぐるしい藩主と重臣との混乱について、福田千鶴氏（東京都立大学助教授）は『享保改革と社会変容』中の「Ⅳ　近世中期の藩政」において次のように述べている。

「一七五〇年（寛保三《(ママ)》）からは保年《やすとし》が『当職』に就任するが、二年後の一七五二年（宝暦二）六月には藩主継高の寵臣郡輝成《こおりてるなり》・英成《ひでなり》父子の讒言《ざんげん》にあい、押隠居となった。（中略）右の突然の処分は、継高の少将昇進運動を積極的に進めた郡《こおり》父子と、緊縮財政の見地から昇進

に消極的であった保年との対立が原因であったとみられている」

『吉田家伝録』吉田保年勤事之章においても、「久兵衛（保年）儀先年御咎ハ讒訴ノ者有之、御聞迷ヒヨリ厳譴ニ仰附ラレ、唯今ニ至リ御後悔遊ハサル、由、又讒言ヲ信トシ人ヲ用ヒ過《アヤマ》ルハ往昔ヨリ間々《ママ》有之候ヘハ了簡仕ヘク候」とあり、継高自身も自己の非を悔悟して保年に対し懇篤の意を示し、事態は収拾に向かう。

> 御当職浦上彦兵衛様御相役御家中御当職、此の以前少将様〔継高〕より福岡遠慮仕り候様に仰せ付けさせられ、在郷へ御引込み成られ候吉田七左衛門様今度御呼出し、現米八百俵仰せ付けられ、当職仰せ付けられ候、尤も御子息吉田式部様〔直年〕へ弐千五百石に三千石新知御加増仰せ付けられ、五千五百石仰せ付けられ候由に御座候事、右宝暦十二年四月の事

さらに吉田七左衛門の御当職再任のことを次のように記している。

> 吉田七左衛門様、久兵衛様と御名御改め成られ、御当職に御成りに成られ候事、宝暦十二年六月、御家中御当職御受持、在方は浦上彦兵衛様御請持成られ御座候処、彦兵衛様御当

職御免、久兵衛〔七左衛門保年〕様御家中・在方共に兼役に仰せ付けられ候事、十月七日に仰せ付けられ候

宝暦二年に七左衛門押して隠居以来、十年を経て再任を仰せ付けられたのである。

この吉田家一統のお咎めの件は、宝暦二年に始まり七左衛門再任によって解決を見たが、この事件の背景には、①武家の財政の逼迫、②社会変動における商人の経済力の台頭、③藩内上層部における対立、④藩主の権力の恣意化などの諸問題が底にあり、これらの事実を直視した吉田七左衛門の諫鼓・木鐸のための真意が容易に通じなかったことに事件の真相があったと考えられる。これらの真相を窺うために、『吉田家伝録』と『黒田家譜』を中心に確かめてみたい。

磯田道史著『武士の家計簿』によれば、武士はほとんど借金をしなければ生活できなかった。明治維新時、鳥取藩のほとんどの藩士は年収二年分の借金を抱えていたし、加賀百万石の大藩の謹直な御算用者の猪山家でも同じく年収の二倍の借金があったという。これは加賀藩や鳥取藩に限られたことではなく、福岡藩士もまた借金に苦しんでいたのである。

こんな藩士の財政状況について、吉田七左衛門は、不勝手の元は借銀にあるとして次のようにその根元を述べている。

「諸士不勝手仕り候根元は銘々余儀無き物入り多く、拝祿高にて一ヶ年の雑用不足仕り、止むを得ざる事借銀高にて相仕廻、又翌年借り戻し等仕り、兎角借物の利分臨時の費《ついえ》と相成り、その外勝手仕らざる候訳は数限りもこれ無き事に候、実は今程暮し方の儀拾人に六、七人迄は分限より内場の渡世暮し方にてこれ有るべく〔略〕、然れば不勝手の元は借銀にて候、借銀仕り候元は身代不相応の物入りこれ有る故に候」

と次々に現状を述べ、さらに、

「定府の面々ならびに御国居の内にも他邦の銀子を借用致し、又は御国民の銀米借用分共に勝手不如意に付返弁筋相滞り〔略〕止む事を得ず他国者の銀子に振替、返済方無音に相成り候へば江戸において御役人方へ出訴仕り、御奉行方より御留守居召し呼ばれ〔略〕御政事筋御疎略《そりやく》の様に候はば相聞申す間敷哉」

と、藩内で手に負えない借銀主を他邦に求め、そのことが幕府に知れ、福岡藩の御事が疎略であると聞きとられると大変だ、と七左衛門は心を痛めている。さらに「元和年中の御定目を本立に遊ばされ」るように、御政事の筋を長政君《ぎみ》の御代に返し、長政君の時代には寄り合ってゆっくり意見を申し上げた「異見の会」があったが、それを再開しよう、と諫めたのである。

これら『吉田家伝録』吉田保年勤事之章の記録からは、継高時代の藩財政の危機と藩士の風俗に対する痛憤が心に沁みる。しかし、これらの諌言を継高が聴き届けるためにはかなりの時間を要したようである。

約十年という長い年月の間に、庄屋甚吉の鋭い感覚は事態の変化を嗅ぎとっていたようで、当職の人事についても淡々と書きとめている。

18　年貢大豆を盗み大罰をくらう

事もあろうに御年貢大豆を盗み、ひどい目にあった若者がいた。

四郎丸《しろうまる》村の内満願寺《まんがんじ》小七倅《せがれ》清五郎ならびに同人いとこ同所卯三郎、丑の冬御年貢大豆、植木中出《なかだ》し蔵へ津出し仕り候、其の節大豆四俵の内より三升三合抜き、盗み取り候て、同所酒屋にて酒共買い候通り、植木川船頭見当り候由、右の段隠し置き候ては、後より言上仕り候ては、大庄屋・村庄屋不念に相成り候に付、内証御郡代高村幸右衛門様木屋瀬入り込みに付、大庄屋・小庄屋より申し達し候処、折節《おりふし》在郷御出見の櫛橋又之進様・味岡団右衛門様、木屋瀬御越しに付、幸右衛門様より御理り成られ候処、二月朔日より木屋瀬入牢仰せ付けられ、其の上遠賀・鞍手・嘉麻・穂波四郡村別引渡し候様に、尤も右両人の者額《ひたい》に入墨仕り、引廻し候様に仰せ付けられ候、村々組頭付添、先村へ送り候様に仰せ付けられ候、尤も庄屋送り状仕り申し候、山崎村へは勝野村より請取り、南良津村に送り申し候事、延享三〔一七四六〕年二月七日の事、組頭甚市付け参り候、右四郡御引廻し仰せ付

けられ、帰参仰せ付けられ、相済み申し候

年貢大豆を三升三合盗み取り、「酒共」買った若気の至りの大失敗であった。入牢の上入墨、四郡内の各村を引き廻されるというひどい罰を受けたものである。また、この引き廻しに付き添って四郡を廻った組頭甚市もお疲れ様であった。

この年貢大豆を盗んだ場所は「植木中出し蔵」へ津出し中のことであり、犬鳴川沿いの四郎丸から小舟で積まれた年貢大豆を遠賀川の合流点である植木で川艜に積み代え、藩の年貢集蔵地・若松の修多羅《すたら》に輸送される水路で起こった事犯で、他にも水運の要衝での犯罪が見られる。

19　牛馬仕組と公金横領

継高時代の福岡藩は恒常的に窮乏していたが、追い打ちをかけるように襲った享保の飢饉によってその極に達した。藩では、武士の士道振興、度々の倹約令の発令、家老など上級家臣から下級武士までの支配機構の整備とリストラ、農村支配のための藩政末端組織の強化、勧農と殖産などの構造的な改革を実施した。特に家老をはじめとする役人の私曲、郡奉行その他武士の私欲、町や村にあっては大庄屋や庄屋など村役人に対する采配のあり方にまで改革の責任者として役筋の勤直さを厳しく追及した。特に武士には厳しかった。

享保十二〔一七二七〕年三月払切米埒明かざるにて、碓井武八殿・小出武七殿切腹成られ候、穂波郡掛り

切米とは中・下級の武士に与えられる俸給であり、米で支給されたり、切米手形で支給され換金されたが、何か不正があったらしい。二人の武士は切腹した。

武士の刑の中には次の如き極刑もあった。領民の耳目を驚かす事犯に庄屋甚吉も衝撃を受けたようで、この件に関しては三カ所にわたって記している。この事件を整理すると、およそ次のような重大事犯であった。

高村幸右衛門様〔御免奉行〕御付衆木原儀内《ぎない》殿、牛馬死諸調《ととのえ》銀両替歩銀私欲これ有り、橋《はし》口《ぐち》入牢仰せ付けられ候旨、鼻御そぎ成され、儀内殿両市中・庄《しょう》・薬院《やくいん》辺、中間《ちゅうげん》衆両人御付け成られ、高札立て、辻々にて高村幸右衛門様此《かく》の如き科の次第申し候由、〔寛保元・一七四一年〕七月二日の事

藩主継高が常に藩政の中枢にいた家老はじめ郡代、郡奉行、それらの付衆、下級の武士に至るまでその職務の綱紀粛正に務めてきたにもかかわらず、私欲に走った武士の犯罪として許すべからざる事犯であった。「牛馬死諸調銀」とは、農耕のための牛馬が死ぬと農民は農耕の手段を失うことになり、年貢収納ができなくなるため、牛馬調仕組を設け、死牛馬を補充できるよう拝借銀として支給した。この拝借銀御渡しの折、木原儀内と称する御免奉行高村幸右衛門配下の士が支給銀の一部を横領したのである。

この公金横領とも言うべき犯罪に対し、入牢の上「鼻そぎ」という重刑に処し、市中を引

き廻し、高札を辻々に立て、犯行の次第を領民に公開した。「鼻そぎ」という身体刑は幕府法にもなく、藩独自の藩法によったと思われる。他藩にはない極刑で、水戸藩にだけ判例が残っているという。

木原儀内鼻そがれの事件の原因は牛馬銀の不正にあり、藩が勧農政策として農民の負担を少しでも軽くしようと定めた牛馬仕組を藩士たる者が悪用して私欲した、許すことのできない犯罪であった。しかし、牛馬仕組にかかる犯罪は士分にとどまらず、村役人や領民の中にも数多くあった。牛馬銀の横領、牛馬銀の詐取《さしゅ》などである。

当時牛馬は農民にとって、現代におけるトラクター他の農機具全体に相当する動力源であった。しかし、年貢上納が精一杯で、牛馬を購う資力もない。催合《もやい》で一頭の牛を求めることもあった。牛が死んだらどうするか、農民の不安は絶えない。

これら農民の不安に対し藩はどう対処したか。牛馬が死ねば農耕に事欠き、年貢上納も期待できず、藩財政に影響を及ぼしかねない。

福岡藩直方領の牛馬仕組はどのように定められていたか、牛馬仕組とその移り変わりについて見ていく。

山崎村牛馬銀願申し上る次第、馬銀壱貫目御借し成らるる儀成り申さず候は、何方《いずかた》成る共

跡芝居壱座と願い申し候事、正徳六〔一七一六〕年正月十一日

「馬銀壱貫目、借して下さい。借すことができないなら、芝居興行を許して下さい。その益金を馬銀に当てますから」と願い出た。この芝居は享保四（一七一九）年二月に三日間許されている。

享保弐〔一七一七〕年六月廿九日に牛馬御立願成就として堂こもりて観音様に村中上り申し候、牛馬壱疋に付銭四文宛、神酒代銭壱匁出しにて人数拾七人上り申し候、牛馬数三拾弐疋、内銭出し申さざる者御座候に付、銭四文宛にて百四匁これ有り候

観音堂におこもりをして牛馬の安全を祈る。この祈願は翌年も牛馬の風邪、疱瘡除けとして、牛馬二十八疋のため銭百拾弐、米壱斗八合を出し合って願を立てている。

牛煩《わずらい》申事、元文弐〔一七三七〕年六月廿八、九日より七月にかけ村中壱疋も残らず煩申し候、水をかけ申す事限りなし、尤も甚市の牛ばかり除かり申し候

村中の牛が煩って高熱を発したので、熱さましのため夜も寝ずに水をかけたのである。

御借銀を以て津屋崎渡り牛銀六拾目ほどに甚市買い申され候事、元文四〔一七三九〕年四月八日に買い申され候、尤も金払に四月廿日に参られ候

借金に御の敬称があることから藩からの借金らしい。「渡り牛」という語も珍しい。お渡し下さった牛のことか。

元文四年六月十六日より新御仕組に付死牛馬御買仰せ付けられ、御国中村々共に馬壱疋に付銀八匁、牛は壱疋に付六匁宛年々上納仕り候様に仰せ付けられ、今年は年半分立申し候付、馬は四匁、牛は三匁相納め申す様に仰せ付けられ候、尤も御仕組御請持として御郡奉行栗生十右衛門様銀子請取り渡し遊ばされる筈に候、両山崎共に馬弐疋、牛拾三疋書上げ申し候

牛馬が死んだ場合の仕組が定められたのである。牛や馬が死んだら買い上げてやる。買い上げの値は定められていない。上納額だけは定められ、毎年、馬は八匁、牛は六匁宛上納し

なければならない仕組である。この仕組は翌年変えられる。

牛馬出銀の儀増し候て、馬は拾弐匁、牛は六匁に相成り候事、元文五〔一七四〇〕年三月より、納め皮六枚分は御公儀へ納め、四枚は皮多へ下され候、皮運上に成り候えば、牛は廿四匁、馬は拾三匁にて取り立て、其の村々庄屋へ払い、夫《それ》より取り揃え大庄屋へ相渡し候様に御仕組相立、皮多共甚だ迷惑の由申し候て、とかく大この通〔とにかく元の通りの意か〕仰せ付けられず候ては運上銀足銀成り難きに付、村々廻りくやみ申し候

この仕組は評判が悪く、村々とも悔やんだという。特に皮革を業とする者に不満が多かった。

牛馬出銀六十文にて上納、御渡し方も六拾文にて御渡し成られ候事、延享元〔一七四四〕年十一月上納より

牛馬御仕組戌の年〔寛保二・一七四二年〕までは初死は代銀拝領仰せ付けられ候処、其の後より死牛馬残らず拝借五ケ年賦の由御触状寛保四〔一七四四〕年子正月に相廻り申し候、

右戌年までは死牛馬跡調銀、馬は弐百弐拾五匁、牛は百弐拾目仰せ付けられ候え共、子年より御改め成られ候て、馬六銭百五拾目、牛は八拾目仰せ付けられ候由申し来り候、尤も牛馬出銀亥〔前〕年の十一月上納までは牛は拾弐匁、馬は拾八匁、四月・十一月両度上納仕り候、子の正月より御改め成られ候て、二月・五月・八月・十一月四度上納に仰せ付けられ候

この牛馬仕組も朝令暮改、正月に定められた仕組は、その年の暮の十二月に牛馬仕組を停止するとして次のように御触があった。

牛馬御仕組相止められ候事、延享元〔一七四四〕年十二月より、右牛馬出銀一ケ年四度上納相止め、五ケ年賦借状前は、翌年両度宛相納め候様にと御触これ有り候事、同月十一日御触来り候、然る処に一向年符銀上納御捨て下され候通り御触これ有り候事、同十一日也、右牛馬御仕組ことごとく御止め下され候、右御仕組相立ち死跡牛馬代銀拝領仕る者、元文四〔一七三九〕年より延享元〔一七四四〕年まで六年の間請取り候者、牛代六銭百六拾目治作、牛代同五拾目は忠作・勘六両人催合牛、牛馬共に代銀三百弐拾目善右衛門、文銀百弐拾目牛代小右衛門（牛壱疋 馬壱疋）分、代銀四百弐拾目善市（牛壱疋 馬壱疋）分、銀弐百七拾目は甚吉、牛代

百弐拾目は作兵衛、百弐拾目は七次郎、百弐拾目は理三次・次郎市催合牛代、惣都合銀子請高壱貫七百目御拝領仕り候分、御仕組の内拝領仕らざる者勘兵衛・甚助・源七・嘉七・甚五郎・治吉・六郎次・半三郎・伊三次・甚市拾人は御銀子請申さず候、尤も右年符銀の内、馬壱疋分拾五匁十一月上納、善市馬分申し受相納め申し候、未の年〔元文四年〕より子の年〔延享元〕まで出銀惣納高弐貫七拾壱匁、判賃掛入共に、尤も銭目の儀は相極、六十三・七十文・六十八文・六十文の間にて御座候、其の外皮代共に相納め申し候

牛馬仕組は藩財政の状況によって猫の目のように変わっていったが、農民は牛馬を家族同様に取り扱い、その安全祈願祭まででした。直方領内ケ磯《うちそ》の福地《ふくち》神社の牛馬祭には「お塩とり」に川舟で芦屋まで下り、帰りは十里の道を歩いてお祭りに奉献した。多賀《たが》神社には神馬が飼われ、隔年の御神幸には尾崎《おさき》の貴船《きふね》の仮殿まで馬上で神輿を送り迎えした。

直方多賀宮御神馬戌〔寛保三・一七四三年〕の冬御死去成られ候に付、跡御神馬福岡殿様より御上げ遊ばせられ候事、寛保三年五月朔日御馬別当御添い御出成られ候

多賀宮の鳥居の右側に御厩《うまや》があり、白い神馬が飼われていた。このように農民たちは牛馬

を大切にしてきた。牛馬に風邪が流行すると、願を立て観音堂や氏神様に平癒を祈った。それでも、

甚吉ことい牛急病にて死申す事、〔寛保元・一七四一年〕十一月十日の朝、歳かぎ《ママ》六才にて御座候

「ことい」とは重荷を負うことのできる牡牛であり、特牛《こっとい》という名の駅名が山陰本線にある。「歳かぎ」とは、牛の歳も歯で数えたか。この急病死した牛はどうしても補充しなければならない。甚吉はどうして牛を求めたか。

甚吉牛代銀百弐拾目御拝領仰せ付けられ、請取りに福岡へ御金蔵へ参り候事、寛保二〔一七四二〕年二月八日に相渡り申し候、直方にて六拾壱文五歩にきの国屋にてかえ、上頓野安入寺《あんにゅうじ》太平牛百三十五匁に六十四文渡にて買い申し候、尤も牛祝い頭百姓〔組頭〕甚介・六郎次ならびに与右衛門ふるまい申し候、其の外へも酒少しずつ進じ申し候

甚吉は拝領銀によってめでたく買うことができ、心配をかけた村の人々に一夕の祝宴を開

いた。甚吉が拝領した仕組は、延享元（一七四四）年に「牛馬御仕組相止められ候事」との御触れで廃止された。

江戸期には、日本人一般には牛や馬の肉を食べるという食習慣はなかった。牛馬のお陰で農耕ができ稲や麦が作られるのだ、牛や馬を大切にしなければ、という思いは稲作中心の農民にとっては共通した理念であった。牛馬の如き哺乳動物に蛋白源を求めることはほとんどなかった。ただ、農作物を食い荒らす害獣として農民が嫌う猪や鹿など一部の肉は食用とされたようで、幕末新撰組の屯所《とんしょ》となった本願寺付近に近林山村の女たちが猪肉を売りに来て隊士たちが喜んで買い求め煮て食った、と子母澤寛《しもざわかん》は『新選組始末記』に書いている。また、「萬年代記帳」にも、

くじら共米に上が三斤、それより中三斤半四斤、下五斤余に売り候え共、売り手少く御座候

とあり、鯨肉が食用とされていたことが分かる。鯨や猪は食されたが、牛馬の肉が食材として用いられることはなかった。「鋤焼」という牛肉を煮て食う料理は明治期になってからという。字の通り、鍋の代わりに鋤を用いたことからである。

「萬年代記帳」には牛馬に関わる犯科が数多く見られる。食材として売れもしないのに牛馬を盗み取る犯科は数多い。牛馬犯罪の誘因の一つは、死牛馬の皮が銀になったからである。盗んだ牛馬はすぐ打ち殺し、皮を手にした。牛馬の皮は武具として利用されることも多いので、公儀が運上銀として買い上げ、残りは皮革を業とする者に払い下げた。そのため死牛馬数のごまかしによる詐取など、藩の牛馬仕組にも犯罪の巣喰う隙間があった。

農民によかれかしという勧農政策の仕組であったが、拝領金や拝借銀にまつわる横領や詐取なども多く、鼻そがれの刑に処せられたり、国中引き廻しの上成敗されたり、重罪となった犯科が多い。

田んぼに牛の姿を見なくなってわずか三十余年、乳牛は牛舎に籠り、肉牛は阿蘇の高原で時折り目にするだけ。農村社会のこの凄まじい変化には甚吉もびっくりするに違いない。

20　上の御好きは御鷹野と下の難儀

八代将軍吉宗は、前代までの「正徳の治《しょうとくのち》」といわれた文治主義を排し、「諸事権現様御定めの通り」と幕府初期の堅実な政治を範とし、財政の緊縮、武道の奨励などを施政の方針とした。

福岡藩六代藩主継高は、将軍吉宗そっくり。藩祖長政にならい、質実にして剛健な治政を旨とした。鷹狩や巻狩を復活させ、在国中は度々鷹狩を行い、その度に農民や村役人たちは夫役《ぶやく》として出役を命ぜられ、迷惑至極であった。江戸では「上《かみ》の御好きは御鷹野《おたかの》と下《しも》の難儀」と落首し世相を批判した話もある。直方領もまた「上の御好きは御鷹野」に振り回された感がある。

櫛橋《くしはし》又之進様・藪《やぶ》弥三郎様竜徳御犬遣し成られ、小竹へ同廿一日晩御泊り、それより廿二日八木山《やきやま》の方に御移り成られ候、送り馬近村より参り候、然る処に又之進様乙名《おとな》中嶋《なかしま》代右衛門殿御乗り成られ候馬、新多太次郎馬にてこれ有り候処、小竹にて落馬これ有り、代右衛門殿きびしく痛み、同所田村隣山《りんざん》老所へ宿にて同人療治にて御座候、村々より御見廻に罷り出候、尤も新多馬添半六と申す中国者木屋瀬牢舎仰せ付けられ候事、十一月廿六日郡代藤兵衛殿御出、直に木屋瀬へ召し連れられ候、代右衛門殿見廻、山崎・南良津見廻、百八拾文・鰹壱れん持たせ参り候事、同廿七日右馬方《うまかた》半六、四日ほど牢舎を出牢仰せ付けられ、科料として銀壱枚上納仰せ付けられ候

この巻狩は延享四（一七四七）年の秋のこと、御犬遣とは猟犬で鳥や獣を追い出し猟をする巻狩のこと。櫛橋又之進の世話役であった中嶋代右衛門という武士が新多の太次郎の馬に乗っていたが小竹で落馬し、大怪我をした。当時の武士の中には馬にも乗れない者もいたというから、代右衛門もまたそのような武士であったかも知れない。

怪我の治療のため小竹の田村隣山という老医の宿で療治した。療治宿には村々から御見舞に罷り出た。四、五日して太次郎馬の馬方半六のところへ郡代から藤兵衛という役人が来て、直ちに木屋瀬牢へ召し連れていった。馬方は四日間ほど入牢の上、出牢したが、科銀壱枚以上仰せ付けられた。なんとも馬鹿馬鹿しい話ではないか。

この巻狩の時季は年貢上納期限の直前である。農民の忙しさなど眼中にないのであろう。話が横道にそれるが、記事の冒頭に出てくる櫛橋又之進のことについて触れておこう。櫛

橋又之進祐克《すけかつ》は、直方藩において十六歳で藩主長清に仕え家老となるが、直方藩が福岡藩の支配下となると藩主継高に仕え、宝暦六（一七五六）年には財用方家老次席二千石の知行となる。別項「17　黒田藩重臣吉田家一統の大変」で譴責《けんせき》の対象となった吉田七左衛門は叔父に当たり、又之進の父治年《はるとし》の子栄年《まさとし》とは兄弟である。何はともあれ東連寺以来の譜代の重臣の一統であった（直方郷土研究会『郷土直方』25）。

なお、「櫛橋又之進様」に同行した「乙名中嶋代右衛門殿」が落馬した。又之進は「様」、代右衛門は「殿」であり、「萬年代記帳」は様と殿とをいずれも登場する武士に対してきちんと使い分けている。滝川政次郎の『日本近世行刑史』では、殿、様の書き方においても、「殿」から「どの」までの間に六通り、「様」にも四通りあり、今日の日本人には想像できないほど階級意識が尖鋭であった、と述べている。

黒田継高像（福岡市博物館蔵）

殿様〔継高〕、底井野《そこいの》へ御成り遊ばせられ候事、享保十〔一七二五〕年卯月廿二日より同廿八日まで、それより御帰りがけに飯塚の方へ御移り成させられ候事、同廿八日勝野村御弁当にて相詰め申す庄屋源四郎・加兵衛・孫九郎・庄蔵・与八・仁三次・伊十郎・甚平・甚吉、其の節鷭勢子夫《ばんせこふ》〔鳥など駆りたてる人夫〕、山崎村より拾五人、南良津村より拾五人、才料甚三郎・清蔵・九郎七、才判庄屋善七・甚吉両人、大雨にて難儀仕り申し候

勢子として駆り出された人数三十人、「上の御好き」は勢子の駆り出しにとどまらず、庄屋はじめ村役人も詰めなければならず、迷惑至極。

少将様嘉麻・穂波へ御成り遊ばせられ候事、宝暦六〔一七五六〕年閏十一月十日に飯塚へ御入座遊ばせられ候、以前御成りより三十弐年ぶりと申し、石坂越道筋おびただしく道作り夫入れ申し候、柳橋《やなぎばし》庄屋へ御昼所用意仕り候、当郡は小竹・直方へ御昼所出来仕り候、十四日に底井野へ御座移させられ、小竹御昼遊ばせられ候、それより南良津・狐池《きつねいけ》・赤《あか》地《じ》前・琵琶《びわ》の前辺にて御猟遊ばせられ、雁三羽御猟、それより往還筋直方の方へ御移り遊ばせられ、音羽屋忠右衛門方へ御小休み遊ばせられ候、南良津・山崎・勝野此の辺御猟場、道橋の普請余分の人夫入れ申し候、併せて村夫にて相仕廻申し候、尤も小竹御昼所雑用《ぞうよう》・直方御小休み雑用共に其の村弁《べん》に相成り候、尤も鶏・薪は触より入れ申し候、御案内庄屋

山部村直次・下新入助市・新延利七

殿様の鷹狩のために、道や橋の普請から小休所の設置、昼食の用意などに要する雑用、夫役すべて村や触の余分の出費となったのである。この猟も農繁期である。下の難儀は果てしなく続く。

殿様御遊猟のため底井野へ御成り成らせせられ候事、寛延二〔一七四九〕年正月十七日同所へ御入り遊ばせられ候、同廿七日に御発駕遊ばされ、青柳《あおやぎ》へ御泊座遊ばされ候、同廿四日上木月御郡屋へ御成り遊ばされ候、急なる御成りにて、御郡代箒取り、下《しも》村庄屋久助砂持ち、大庄屋中鍬取り、さてさて大騒動の由に御座候、同廿五日朝きびしき雷、同朝は木月に御成り、余分の松葉・杉葉にて焚き立申し候、甚吉儀は同廿五日夕より七日まで御郡屋詰

右御成りの節大庄屋詰方十七日より出勤の処に、十八日出勤致し、間違に相成り、頓野・植木・竜徳大庄屋高村幸右衛門様より御咎めに逢い、役儀等御取り上げ成られ候処、植木・頓野は大かた埒明き、植木の勘吉殿へは早速相詰申され候処、九郎五郎殿へは殊の外六《むっ》ケ敷《しき》成り行き埒明き申さず、竜徳触庄屋十九日知古・両新入庄屋罷り出候え共、相済み申

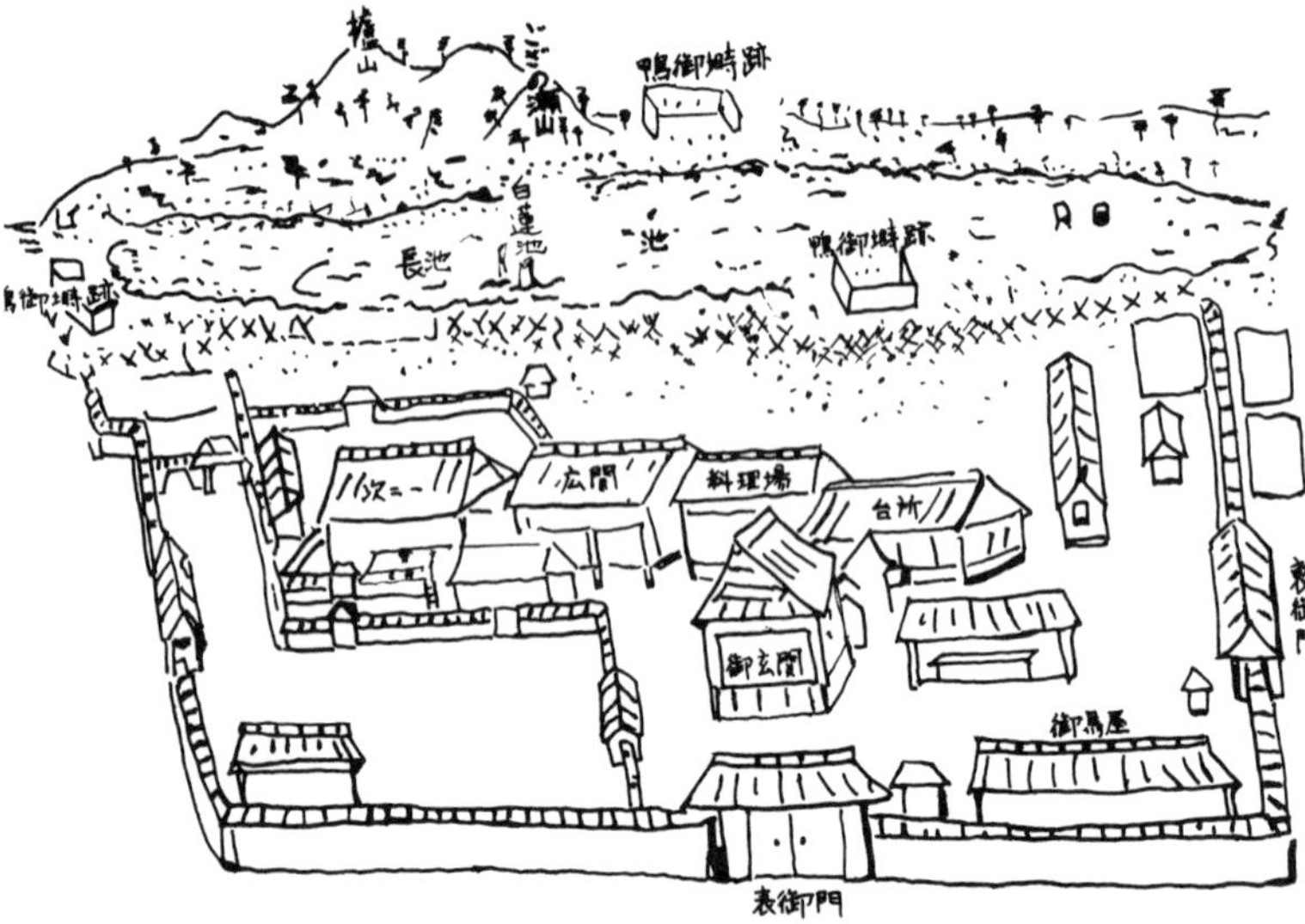

底井野黒田藩主宿館の図。『中間市史』によれば，二代藩主忠之が別館として造営したことに始まり，継高はじめ諸代の藩主が利用した。跡地には現在，底井野小学校が建てられており，運動場は往時「長池」と呼ばれた池である。池を隔てて「御座山《ござ》」がある。この池の周辺には池沼，御塒場《おとやば》が散在し，遊猟には恰好の地であった。狩好きの継高が好んでこの地を訪れたのも頷ける。この宿館の図は，底井野小学校の校門横の案内板と月瀬八幡宮に奉納されている絵馬を参考に作成した。

さず、廿一日に南良津・直方・山崎・勝野・新多・宮田・本城・竜徳庄屋罷り出候、廿六日晩、杢次郎殿・武蔵殿理りを以て、植木・頓野・竜徳共に右の通り役儀受持候様に御免仰せ付けられ候

殿の御都合によって振り廻される大庄屋や庄屋たちまで役儀召し上げられたり、「上の御好きは御鷹野」の迷惑を蒙るのであった。底井野は継高のよほど気に入った猟場とみえ、江戸参勤のため江戸在府中を除き、ほとんど毎年猟をし、年に二度、

三度に及ぶこともあり、塒場を荒したと言って怒り、獲物がなかったと言って腹を立てた。勢子として集められ、田畠は踏み荒らされ、農民たちは踏んだり蹴ったりの目にあった。

なお、獲物の対象となった「鷭《ばん》」という鳥は、鳥類図鑑によれば、クイナ科、翼長一七〇センチ、尾長七〇センチぐらいの灰黒色で、大鷭という種もあり、九州で繁殖越冬するという。当地方で現今見かけることはない。司馬江漢が西遊した頃には多く見かけた鳥であったろう。

21　依怙贔屓により国中を引き廻された庄屋

藩主継高は政事に心を砕き、藩政の末端の大庄屋、庄屋、組頭、山ノ口などの村役人に対しその采配力を高め、農民の精勤とその督励に当たらせるため、村役人の権力の強化・待遇の改善を図るとともに、采配の公平適正化につとめ、領民の指弾を受けるが如き私曲には厳しく処した。直接農民に接する庄屋、山ノ口、組頭を福岡藩領の各村は「村三役」と称して、農作業の指示・指導に当たらせた。これら村役人の不正行為に対しては殊の外厳しく取り締まった。

御笠《みかさ》郡隈《くま》村聞次庄屋与右衛門御救米役人衆より相渡し候処、依怙贔屓《えこひいき》仕るに付、御国中引廻し仰せ付けられ、箱崎《はこざき》より浜男《はまお》・唐原《とうのはる》通下府《しものふ》・古賀《こが》・鹿部《ししぶ》・筵内《むしろうち》・宗像郡上西郷《かみさいごう》・津《つ》丸《まる》・山田《やまだ》・大井《おおい》の方を通り赤間へ出、糠塚《ぬかづか》より尾崎《おざき》・小鳥掛《ことりか》け・広渡《ひろわたり》、土手筋通り植木より下新入へ泊り、竜徳・鶴田・南良津村より山崎の方へ入り、小竹より山家《やまえ》まで通り申し候、尤も南良津村庄屋九郎八同道致し、元文四〔一七三九〕年四月九日午の刻に山崎庄屋甚吉請取り、頭百姓甚助病気に付名代に作兵衛出申し候、本山崎村より勝野庄屋善七請取り申し候、同村頭百姓久吉参られ候、村継送り状付け参り候、右庄屋与右衛門歳の頃五拾余と相見え申し候、面にもがさこれ有り、上に島の着物、下に花色帯青染、羽織は墨や渋染、長手拭かぶり申し候、科の次第も話し申さる由に御座候

科人庄屋与右衛門は、箱崎を出てから糟屋郡や遠賀郡を経て直方に入り、鞍手郡を通って山家の方へ国中を引き廻されたのである。御笠郡隈村は現在の筑紫野市に属し、山家まで引かれて村に帰された。引き廻しの様子を知るには貴重な記録である。

引き廻し後の刑は定かではない。科人の通る各村の庄屋は送り状とともに科人を請取り、次の村庄屋へ頭百姓と同道に申し渡した。長手拭で頬かむりした顔にはもがさ（痘瘡）の跡が見え、路々科の次第を話したりもした。罪の報いとはいえ、近世農村の苦難の一面が見えて、「ざまあ見ろ」とも言えぬ哀感を誘う。

庄屋与右衛門の国中引き廻しは付加刑で、主刑については甚吉は承知していない。ただ、罪は御救米の分配に当たり依怙贔屓があった、としているだけである。役儀召し上げくらいでは刑は終わらなかったであろう。おそらく死罪であったか。

22　福岡藩の切支丹騒動

島原の乱と福岡藩直方領とは深い縁がある。この戦いに直方藩（当時東連寺藩）は秋月藩とともに出陣を命ぜられたのである。幕府は寛永十四（一六三七）年、島原の一揆が意外に強力なことに驚き、九州の諸大名に出兵を命じた。福岡藩も初めは百姓一揆の掃討戦くらいと侮っていたか、東連寺藩と秋月藩に出兵を命じた。

島原の乱は、島原藩主松倉重政の領民に対する苛酷な政策に対する抵抗か、切支丹弾圧に対する信徒の反乱か、いろいろの見方や考え方があるが、天草四郎時貞を奉じ天使や十字架の旗の下に三万七千人の反乱勢が原城にたてこもり、これに対し幕府軍十二万四千人が三回にわたる総攻撃を加えたが、陥落しなかった。幕軍・一揆軍合わせて約二十万人の軍勢が凄惨きわまる死闘を続けた。

この戦において、東連寺藩立藩からの譜代の重臣吉田壱岐長利と子重成も出陣、激戦の上長利は戦死、銃頭加藤勘兵衛もこの戦で死んだ。

東連寺藩高政《たかまさ》は軽士をわずか残して、翌年一月十八日、総勢二千人の兵を率いて出陣した。

出陣のための軍勢の勢揃いの場所を、「勝野」という地名にあやかって現小竹町勝野の地としたという言い伝えが今も残っている。

一揆の抵抗は強く、幕府軍は兵糧攻めの持久戦に戦法を変え、ようやく原城は陥落し、戦いは終わった。江戸開府以来三十年余、何事もなく幕藩体制も安定したかに見えた時の戦乱、島原の乱は江戸初期の重大事件であった。

島原の乱平定後の寛永十九（一六四二）年、幕府は佐賀藩に長崎警固番を命じた。翌年、福岡藩にも命じ、以後両藩隔年の勤番となった。これによって江戸参勤の在府期間が短められることとなった。直方藩最後の藩主長清は、享保三（一七一八）年、病気回復後長崎に短期間勤番し、享保五年二月、参勤在府中江戸にて煩い逝去している。

このように、福岡藩直方領は島原の乱や長崎勤番など切支丹と深い縁がある。この福岡藩を揺るがす切支丹騒動事件が起こったのである。庄屋甚吉は次のようなことを知った。

福岡へ切支丹出来《しゅったい》仕り候由大騒動御座候事、宝暦三（一七五三）年三月三十一日の事、切支丹本人平井治太夫殿・鳥居久兵衛殿切扶取の由、訴人は有井丹七殿と申す仁《じん》、右三人家内共に残らず牢舎、右三人の者は御中老衆御預りに相成り候由御座候、右の様子、江戸へ御注進これ有る筈の処、御出見在りて櫛橋又之進様御前に於て、先ず御注進は内詮議の上決定仕り、其の上御注進遊ばせられ候様に仰せ上げられ候に付、御注進相止め、就夫《なかんずく》又之進様御手柄と成り行き千石御加増仰せ付けられ、七百石の処千七百石に相成り申し候、役料として米五十俵弐十石程の御加増に相成り候事、右同年四月の事

続いて、右と関係あると思われる一カ月後の記事。

又之進様在方御郡方御受持、右同年五月十五日に御免仰せ付けられ、御郡方頭取御奉行に御成り成られ候、跡御郡方山路加左衛門様仰せ付けられ候、尤も御裏判加役に仰せ付けられ候、大庄屋中御祝儀として五月廿一日出福致され候

「萬年代記帳」中、切支丹に関する記述はこの一件のみである。

江戸幕府は慶長十八（一六一三）年、切支丹禁教令を全国に布告、その後も禁教関連法令を繰り返し発令し、切支丹の摘発、宗門改を行ってきた。この切支丹大騒動の前年にも、福岡藩直方領内でも「宗旨改《しゅうしあらため》」が行われている。

宗旨御改め、御郡代高村幸右衛門様木屋瀬御郡屋に於て、竜徳・頓野・植木三触御改め成

られ候事、宝暦二〔一七五二〕年三月十三日、水原触は同所にて同十一日御改め成られ候とあり、各村の宗旨人別帳を調べたはず。これらの網をくぐり抜けて切支丹は存在した。福岡藩の切支丹大騒動は、有井丹七という軽卒の士が自訴し、本人とともに信者である平井、鳥居という切扶取の歴とした藩士が切支丹であることが判明した。中でも鳥居九兵衛は上座・下座・夜須《やす》・御笠四郡の御山《おやま》奉行であった。藩は驚き、早速三人家内とともに牢に入れ、三人はそれぞれ中老預かりとなった。藩にとっては御山奉行まで務めた藩士が国禁を犯していたことに激しく動揺した。

事の次第は江戸へすぐさま注進すべきことであるが、福岡藩はかつて黒田騒動や「鳳凰丸」事件など藩の存続にも関わる事件も藩史にある上、長崎は殉教と迫害の切支丹史の象徴的な地であり、その長崎の警備を担当する藩として江戸への注進には躊躇させざるを得なかったか、御郡方櫛橋又之進が即刻登城の上、継高の御前で内々で注進の件について中老らで詮議の上決定してはいかがかと申し上げた結果、注進は取り止めになった。

この大騒動に対し、櫛橋又之進の上申は時宜を得た手柄ということで千石の加増を仰せ付けられ、役職も御郡方頭取御奉行と栄進した。

甚吉はここまで記したが、その後三人の切支丹はどうなったかは闇に葬られたようである。

拷問の末棄教したか、殉教者として天国に召されたか、一切分からない。極秘裡に処理されたか、この切支丹騒動は『黒田家譜』にも見当たらない。「延享年間福岡藩分限帳」（『福岡藩分限帳集成』所収）には、「切扶　平井次太《（ママ）》夫　三人扶持　御右筆」とあるが、二本の線で抹消されている。同じく「鳥居九兵衛　山奉行　在宅　橋口」とあり、橋口牢に入牢させられたのだろうか。

23　仁和寺支配を願い出た座頭

江戸時代の農民は信仰深く、日照りが続けば雨乞いに、台風が来れば風除けに、田に虫が発生すれば虫害除けに、神や仏に願をかけたり、祈禱をしたり、各地の神社・仏閣に参詣したりして五穀の豊穣を祈った。

太宰府天満宮の八百五十年の御忌の際などには、天道《てんとう》から山口大石《おおいし》、本道寺《ほんどうじ》まで酒店やいろいろの店ができ、太宰府は高提灯・小提灯おびただしく、三月中頃まで賑わったという。

また、宗像郡の山田村の地蔵菩薩二百五十年忌に、三月十一日より二十四日まで多くの参詣者があった。

新山崎村の百姓たちは、天照宮に参ったり、日陽《ひなた》の毘沙門天《びしゃもんてん》に参ったり、遠く筥崎《はこざき》八幡宮にもお祈りに行った。村の中で観音堂や田添《たぞえ》（後に亀山と改める）神社に祈願するなど信仰心の厚い農民が多かった。時には座頭《ざとう》を呼び祈願をしてもらうこともあった。

山崎の観音に於て郡中虫祈禱執り行い、四触座頭相寄り、二夜三日執り行いこれ有り候事、宝暦二〔一七五二〕年四月朔日より同三日まで、尤も内夫〔手伝人〕六人、椀・膳・風呂桶・鍋釜の類当村より出し候様に大庄屋殿より申し付けられ候、其の節座頭触頭感田村真正坊参り候、内夫都合十六人召し仕え候、尤も大庄屋殿へ掛け合い候処、入用分当村へ相仕廻候て、追て御算用に御立て成らる旨に付召し仕え候、所々へ御祈禱触々遣し候、村中より御廻のため庄屋・組頭罷り出候処、秋水《ママ》酒米壱ツ分取候、使は介七

当番を引き受けた新山崎村は、人夫を大勢出し、その他の雑用も要したが、すべて後払いになり、「秋水酒米壱ツ分」取られたのである。秋水とは、秋の洪水除け祈禱分か、祭祀用の器物か、よく分からない。

この感田の座頭がとんでもないことを考えた。

盲僧中本山これ無きに付、御室《おむろ》の御所《ごしょ》御支配に仰せ付けられ候様にと願い上げ候処、御叶い成られざる趣にて、御郡代様より上木月郡屋にて、決して右の通りの願仕る間敷き旨血判仰せ付けられ候処、打破り願出候由にて、感田村触頭真正坊木屋瀬入牢仰せ付けられ候事、宝暦四〔一七五四〕年六月十一日より、其の外の座頭中大預りに仰せ付けられ、村預り故修行も相成り申さず、元来姪《めい》の浜《はま》座頭頭大行坊江戸表まで参り候由、此の盲僧別て咎

め深く入牢仰せ付けられ候由に御座候、村預り座頭は郡中ばかり修行御免仰せ付けられ、
真正坊は橋口牢舎に直り申し候

『広辞苑』には「座頭」とは、「剃髪の盲人で、琵琶・箏《しよう》・三味線などを弾じて、歌を歌い、語物を語り、また按摩《あんま》・鍼治などを業としたもの。座頭の坊」とある。

直方領の座頭は、信心深い農民から加持祈禱を頼まれたりしたこともあった。もともと座頭は「平家座頭」(『直方市史』)と呼ばれ、琵琶を弾いたり歌を歌ったりして修行をしていた。

この感田村の真正坊は途方もないことを願い出た。盲僧は本山がないので御室の御所の支配下に入りたい旨願い出たのである。御室の御所とは京都の仁和寺のことであり、真言宗御室派の大本山で光孝天皇の創建にかかるという千年以上の歴史をもつ古刹であり、明治初めまで法親王が継ぐ門跡寺であった。仕込え杖を持ったか、麻薬を用いたかは知れないが、御郡代様の前で「二度と不礼きわまる願書を出すことはならない」と血判の誓文を示された紙を打ち破ってしまった。木屋瀬入牢で片付かず橋口牢まで送られた。村の者たちもこれに懲《こ》りて二度と祈禱は頼まなかったであろう。

24　吉宗服喪中に起きた水争い

寛延四（一七五一）年という年は、甚吉にとっても領民にとっても事多い年であった。その一つは、徳川吉宗の死去であった。甚吉は入念に吉宗の訃を記した。

大御所様〔徳川吉宗〕薨去《こうきょ》遊ばせられ候事、寛延四年六月廿一日の由、江戸より御到来同廿九日に着にて、閏《うるう》六月朔日より在々音楽停止《ちょうじ》仰せ付けられ候、尤も山海の猟は一七日、見世おろし十日・商人一七日・作事《さじ》廿日・音楽五十日停止仰せ付けられ候、然らば七月廿一日ならでは御中陰明け申さず候、大御所様と申し奉るは、公方《くぼう》様〔将軍〕御隠居様の由に御座候

甚吉は、逢ったこともない雲上人の如き人の死に改めて将軍様の偉さと遠さを思い知らされた。そんな国中音楽停止の中、農民にだけは停止がなかった。大事な田植どき、下々の農民はその年雨が少なく困っていた。水喧嘩が起こったのである。

寛延四年水少なく、小牧《おまき》井手水を下木月《しもきづき》より盗み取りに参り、井手切り落し候処、小牧より大勢出申し候て追い散らし申し候、喧嘩仕り候、然る処木月の者壱人小牧の者打ち殺し申し候、それに就いて御郡代様御詮議成られ候て、木屋瀬入牢七人仰せ付けられ候事、六月末頃の事、併せて右の音楽停止に付、御詮議相止め、御引取り成られ候

水争いの喧嘩で木月の者が打ち殺され、とりあえずの詮議の上、七人が木屋瀬に入牢させられた。入牢者は木月の者か小牧の者か、あるいは双方の者かはっきりしない。水喧嘩とはいえ殺人事件である。それが大御所様の死による音楽停止のため詮議が相止まりとなり、殺された木月の者は死ぬにも死ねなかったであろう。

この水喧嘩による殺人事件のその後の成り行きについて、甚吉は何も触れていない。それもそのはず、甚吉もまたこの年は事多い年であった。祖母が亡くなったのである。

甚吉祖母様妙閑霊御死去成られ候事、寛延四年六月廿日の事、二、三年の病気にて御座候処、次第につかれ申され、閏六月十四日、五日より食事など止まり申し、唯通し候ものは酒ばかりにて御座候、尤も御死去一両日は酒も通し申さず候て、廿日の朝辰刻に御果て成られ候、尤も天気悪しく、風雨仕り候に付、御葬礼は廿一日に仕り候、香月《かつき》よりは山川水

強く、川留めに逢い、野辺御供間に合い申さず候、頓野《とんの》も同前にて、翌廿二日に残らず悔《くやみ》に参り候、村中廿一日晩も残らずひし〔精進か〕致し候、同廿二日朝別段に村中斎《とき》仕り候、村中より追善の酒少し遣し候、其の外一家中より斎米参り候、妙閑霊御歳九拾四才にて御果て成られ候

吉凶はままならず、重なれば重なるもので、寛延四年という年は甚吉にとっては良くないことの続く年であった。小牧の水喧嘩の成り行きも吉宗や祖母の死による服喪中のことで、そこまでの関心はさすがの甚吉にも行き届かなかったか。殺人事件まで起こした小牧の水喧嘩の始末はどうなったのであろう。

25　特産品の櫨の実を盗む

「萬年代記帳」を所蔵される小竹町新山崎区の林家の北西には低い丘陵地帯が続く。かつては標高五〇メートル程の高さをもっていたと考えられる大浦山《おおうら》も、貝島炭鉱の鉱害によって今は丘陵に過ぎない。この丘陵地帯では毎年秋になると櫨紅葉《はぜもみじ》が燃えるように鮮紅に色づく。この櫨紅葉は、以下に述べる約二百五十年前の櫨物語の残影かも知れない。

櫨木百本寛保四〔一七四四〕年二月に竜徳村大庄屋九郎五郎殿より請け取り、大浦山大わたに植え申し候、右の内、甚助方拾壱本取り植え申し候、残る八十九本大浦山

とあり、前出の福田千鶴氏の論文には「福岡藩の櫨蠟《はぜろう》栽培は江戸中期には全国首位の生産量を誇り、用達商人の鴻池《こうのいけ》を通じて大坂に相当量の櫨蠟が送られた。一七四五年（延享二）には植立櫨見《うえたてはぜみ》箇《か》取《じ》締役《めやく》を置いて山奉行の兼職とし、櫨実を百姓に与え、運上銀を免除し、田への植林も許可するなど、積極的に櫨栽培を奨励した」とあり、殖産事業として棕梠《しゅろ》など有用

の木を植えるよう命じている。新山崎村でも藩の奨励策に応じて右のように櫨の植樹が始められた。さらに藩の特産品として櫨の支配組織強化のため、

櫨御支配・蠟方共に櫛橋又之進様御受持に成り候事、延享二年正月より、尤も櫨根指万端御奉行は御郡代・御組衆御両人宛御掛り筈に御座候、櫨植立て見廻り近藤清右衛門様・同八太夫様・山内久市郎様・同平六様・上野又吉様右五人へ仰せ付けられ候、尤も御免方より御組衆竹森代四郎殿へ仰せ付けられ候

このように櫨の植栽、蠟の生産向上に対する強化策が講ぜらるるとともに、櫨木植も次々に進められた。

山崎谷頭《たにがしら》堤土手に櫨拾弐本、高村幸右衛門様御組竹森代四郎殿御植立て成られ候、尤も右の櫨預り主同所貞七に申し付、預り帳面差上げ候事、延享三〔一七四六〕年二月朔日の事

櫨木五拾本、城《しろ》か尾《お》ならびに小七屋敷に植え申す事、延享五〔一七四八〕年二月十一日・

同十二日に当村出口畠の土井に七本植付け申し候、櫨苗は公儀より櫨の実壱合村別仰せ付けられ候を、庄屋甚吉屋敷の内仕立置、両所共に植申し候

現畠弐歩通り櫨植立て仰せ付けられ候、尤も弐歩通り、畠壱反に付拾本ずつ、山崎村は弐歩通り壱町壱反三畝十八歩、苗百十四本願、実植奉行山内久市郎様へ書上げ候、寛延三〔一七五〇〕年二月、櫨才判山ノ口貞七・甚五郎に書上げ申し候、山崎村へ櫨苗七拾七本、御証拠御郡代様より久市郎様へ付け申し候て、苗宮田《みやた》村三右衛門方にて請取申す事、寛延三年二月廿三日・同廿四日に両山崎へ七拾七本割付け申し候、現畠壱反に付壱本三分三厘宛にて御座候、新山崎分に拾七本、兵丹に十一本、四十九本は山崎分に植え申し候

藩の奨励策は畠も屋敷も櫨だらけ、福岡藩の特産品として藩財政の一部を支えてきたが、次のような櫨盗取が現れた。

早良郡内野村半市と申す者、御植立櫨を盗み取り、他国まで持出し売買、ならびに同郡西《にし》村《むら》惣介と申す者、御法度の馬苦労《ばくろう》相止めず、御国は申すに及ばず、他国まで馬代の滞りこれ有り候、右両人の者共、御国中村別引渡し仰せ付けられ候、尤も両粕屋〔表粕屋・裏粕

屋）より宗像・遠賀・鞍手・穂波の方へ引渡し申し候、尤も山崎村へ参り候事宝暦二（一七五二）年七月四日酉の上刻、南良津より参り、勝野へ送り出し候、庄屋より奥次何月何日何の刻何村より請取り、何村へ相渡し候通り書き記し申し候、竜徳触へ頓野触より移し申し候、野面《のぶ》へ泊り、当触は新多村へ泊り申し候、竜徳皮多拾人付添申し候、皮多庄屋も才判致し候、新多より磯光の方へ水原触へ移し申し候

新山崎村が公儀よりの仰せに従い、竜徳触の大庄屋から櫨の木を百本割り当てられ大浦山に植えてから、十年も経ていない。毎年二月頃に実のなる櫨の木は、畠にも土手にも屋敷まで植え立てた櫨の木約三百本近い。この櫨の実泥棒が国中引き廻しになり、新山崎村の街道筋を引かれていく犯人を見た村人は腹わたの煮え繰り返る思いであったろう。

福岡藩の直接的な生産管理は最終的には挫折し、寛政八（一七九六）年には蠟の専売制が実施されたという。

26　無届け順礼と六部殺し

「萬年代記帳」には古い村に根づいた多様な信仰や祭り、立願を書きとめている。氏神をはじめ大日堂、観音堂、祇園社、薬師堂など農民自らの寄進により造営され、日照りが続けば雨乞を、台風襲来の時季は風立願を、不作の年は実盛送《さねもり》りなど、農民たちはひたすら神仏に祈った。庚申塔や猿田彦の土俗的信仰と思われるものも勧請《かんじょう》し、村の入口に石塔を建てたりして村全体を守護しようと祀《まつ》った。

これらの造営や祭祠に関する公事《くじ》（もめ事、訴訟）がましきことはほとんどなかった。農民は一途に神に祈り、仏に参って、農耕に精を出した。しかし次のようなこともあった。

下境村庄屋孫七儀、同村又市と申す者順礼に罷り出、御郡奉行衆より見当てられ、御郡代様へ相届けられ候、御法度相背き候とて、孫七儀頓野村大庄屋忠五郎方へ預けられ候事、寛保元〔一七四一〕年八月十五日頃より、右の御理りに中泉庄屋与七福岡へ罷り出候処、同二十四日に右の通り滞り無く埒明き罷り帰り申し候又市が庄屋に無届けで順礼に出たことが法度に背いたのであり、順礼自体は御法度ではなかったのである。四国八十八カ所遍路、西国三十三カ所観音巡礼などは中世以降には確立しており、江戸期には各地の地方霊場も隆盛し、多くの者が御詠歌《ごえいか》を誦詠《しょうえい》しながら各地を順礼した。又市の無届けを黙認した庄屋は法度に背いたとして「預け」の軽刑で済んだが、福岡までわざわざ中泉村の庄屋与七がお断りに行き、やっと埒が明いた。気の遠くなるような話である。

ケンペルは『江戸参府旅行日記』に、旅行中に見た巡礼についてきわめて詳細に記述している。彼らにとっては興味深かったのであろう。伊勢参宮の集団、美女の多い熊野比丘尼《びくに》のこと、山伏のことなどを述べているが、またもう一つ別の種類の物乞いについて次のように書いている。

「外見上は立派な年輩の男たちがいる。彼らは出家や仏僧のように頭を剃り法衣をまとっているので喜捨《きしゃ》を受けるのになおさら都合がよい。彼らのうちにはいつも二人一緒になっている者もかなりある。各人シャムの官庁式に折りたたんだ細長い紙の本を捧げ持っているが、それは法華経という聖典の一部で、中には文字が印刷してある。彼らにはもちろん書いてあることなどわからないのであるが、そのうち少しばかりを暗誦していて、まるで読み上げているかのように聞こえる。それで彼らは聴衆からたくさんの布施を期待している」

巡礼（左）と六部の図（『国語大辞典』〔小学館〕より）

これは次に述べる犯科に登場する六部《ろくぶ》のことであろう。

宗像郡光岡《みつおか》村辻堂に六部弐人泊り居申し候処、壱人の六部さしころし、其の六部行方なく欠落《かけお》ち仕り候由御触これ有り候処、芦屋の柏原《かしわはら》にて召し捕り申す由申し候、早速橋口牢舎仰せ付けられ〔寛保二・一七四二年〕、十二月中頃成敗仰せ付けられ候

六部とは六十六の略称で、全国六十六カ所の霊場に自己の書写した六十六部の「法華経」を一部宛納めて廻る行脚僧のことであるが、鼠色の木綿の着物を着て同色の手甲《てこう》、脚《きゃ》絆《はん》、股引《ももひき》を履き、仏像を入れた厨子《ずし》を背負って鉦《かね》や鈴を鳴らして米や銭を請い歩いた。二

人組が多かったという。

宗像郡光岡村（現宗像市大字光岡）で相手の六部を刺し殺した犯人は、芦屋の柏原（現芦屋町山鹿《やまが》の柏原）で召し捕られ斬罪に処せられた。

27　御山管理と松の木泥棒

「萬年代記帳」全体を、新山崎村が抱えていた灌漑用水路、わけても唐戸《からと》の修復史と言っても過言ではない。次々と襲いくる大洪水は水路を押し流し、唐戸も打ち破り暴れ廻った。一つの唐戸修復がどんなに農民に負担を与えたかについて見てみよう。

南良津唐戸戸前板草槇にて福岡御材木蔵より御渡し成られ候事、元文五〔一七四〇〕年三月十二日、御郡奉行衆御付衆・御免方御付衆御立合御渡し成られ、勝野より五人、南良津より二人、山崎より壱人参り、右御蔵より高村幸右衛門様御屋敷まで出し預け置き、弐本は帰りに持ち帰り申し候、槇長さ弐間壱尺に六角、壱本に付四人持、弐拾五本渡り申し候、相残る廿三本に勝野より六拾四人、山崎より八人、南良津より弐拾人参り、廿七日に参り廿八日に持ち帰り申し候、大工は勝野の五郎三郎、同三月廿八日より入り込み申し候、右同四月廿五日切り天井石残らず上り仕廻申し候、元文四年十一月より石方御徳村琵琶山に入り込み石切立、四月に頓野触・竜徳触より石持ち出し候、五月二日に大唐戸土手まで御

仕廻成られ候、御付衆西嶋曾蔵殿御奉行、石方請方にて銀壱貫八百目余

大工事である。用材の槇の大木は長さ約四メートル、六角の角材で、四人で運ぶほどの大木を二日かけて福岡の御材木蔵から運んだのである。南良津唐戸の改修に受益する関係の村から約百人の夫役が弐拾五本を拝領し、担いだのである。それほどの大改修でもない修復にも用材を必要とした。それらの用材も郡の奉行が指定した場所から伐り出し、勝手に伐り出すことは許されなかった。

新山崎前水門唐戸御仕替下され候事、元文元（一七三六）年四月の事、御奉行小河伝左衛門様御組田中左次郎殿御出、□□け田渡し樋共に日数三日、大工本城村喜平太、板は千石《せんごく》山にて御渡し成られ候、丸太は平六古野《ふるの》山にて御渡し、三苫利介殿御出

とある。唐戸修復のための用材すべて郡役所から支給された指定材である。村の山から適宜に丸太や板を伐り出すことはできなかった。大風で倒れた松の木でも役所の指図に従って処理しなければならない。竹一本切るのでも許可を要した。

竹切りの話のついでに次の記事も紹介しておきたい。

両山崎村藪にて御用の御矢篠竹《しのちく》六束三尺廻り御伐せ成られ候事、元文元年八月二日より三日まで、御弓方衆川端兵大夫殿・石津半次郎殿御両人御出成られ、勝野村へ御泊り込み御切立成られ候、両村にて拾壱束御伐り成られ候、前年享保廿〔一七三五〕年八月には御山方尾崎惣左衛門様御付衆三苫利介殿御出成られ、当村にて五束御切成られ候、其の竹道筋にて欠立て、其の後山ノ口小平次福岡まで参り候、何の滞りもなく相済み申し候、勝野村より善五郎参り候、惣じて今年まで御矢篠御切り成られ候事、七年の間御切り成られ候也

勝野村や新山崎村の竹は矢に適した良質の篠竹があったのであろう。竹を切る時期は「七夕を過ぎる頃」といわれるが、最適期に毎年竹を切りに来て多量の竹を伐っている。武具としての征矢《そや》よりも狩猟用の野矢や競技用の的矢などに使われたものと思われる。領民にとっては竹の子取も法度であり、次のような事犯もあった。

鶴田村の者百合野《ゆりの》山にて竹切盗み候を同村次右衛門・竜徳助八訴人に出候に付、木屋瀬に於て奥山治右衛門様御詮議成られ候て以ての外の儀に候処、何の噂も御座無く候て打暮らし、十二月に成り候て、科銀壱人に二十目宛仰せ付けられ候、尤も鶴《つる》田村中拾弐人程これ有り候、庄屋源四郎は科銀四拾目の由に御座候

竹切盗みとして罰金を取られている。

近世福岡藩直方領の山の管理組織はどうなっていたか、朝暮に変わるが、享保十六、七年頃の体制を述べると、

櫛橋又之進祐克様御山奉行頭に御成り成られ候事、享保十五〔一七三〇〕年より、山内久市郎様・近藤九郎次様御両人御山御仕立奉行に御成り成られ候事、享保十四年より、御山目付衆久野治大夫様・岸田茂右衛門様御両人山崎村前御通り成られ候事、享保十六年二月中頃の事

御山奉行頭→御山御仕立奉行→御山目付衆と呼ばれる体制が組織されたことが分かる。御仕立奉行というのは新しい役職であり、殖産事業として植林、取り分け有用の材として楠、杉、檜、松、桐、櫨、棕梠などの栽植を奨励した。新山崎村の対岸の山に植林があった様子を記録している。

御徳権現堂《ごんげんどう》山に杉御指立て成られ候、元文四〔一七三九〕年二月廿二日、山ノ口壱人に付

百五拾本宛、当村より小平次・甚五郎・忠作・十右衛門四人として六百本指立て候、尤も指夫三人召し連れ候、御山方都地八太夫様、御付衆金子源八殿其の外三人御出成られ候

かなり大掛りな植林作業であった。権現堂山は山頂に蔵王《ざおう》権現を勧請した祠のある城跡の山で、広い裾野をもっていた。福岡藩直方領の新しい組織も機能しはじめ、さらに管理組織の末端として山ノ口と称する役職が置かれていた。山ノ口は、庄屋、組頭と合わせて「村三役」と呼ばれ、庄屋と同じく郡役所の詮議の上任命された役職である。

山ノ口の役儀の内容を伝える「覚」が筆者宅にあるので、例示しておきたい。

今度山ノ口役申し付け候に付き勤方申し聞かせ置く覚

一、銘々抱の山々、古野・宮山・新立山・竹山共に常々心掛け見かじめ致すべく候、御山方御法度に相背き候者これ有り候節は、遠慮なく早速註進致すべく候、たとい親類・村方役人たり共御山方御法相背き候わば見逃し仕る間敷く候、相対にて差免し候儀、脇より相知れ候わば越度《おちど》申し付くべく候、村庄屋へも重畳《ちようじよう》申し談じ念を入れ見かじめ致すべく候事

一、御山の儀は申すに及ばず、其の外の地所にても相応の竹木仕立候儀存寄これ有り候わ

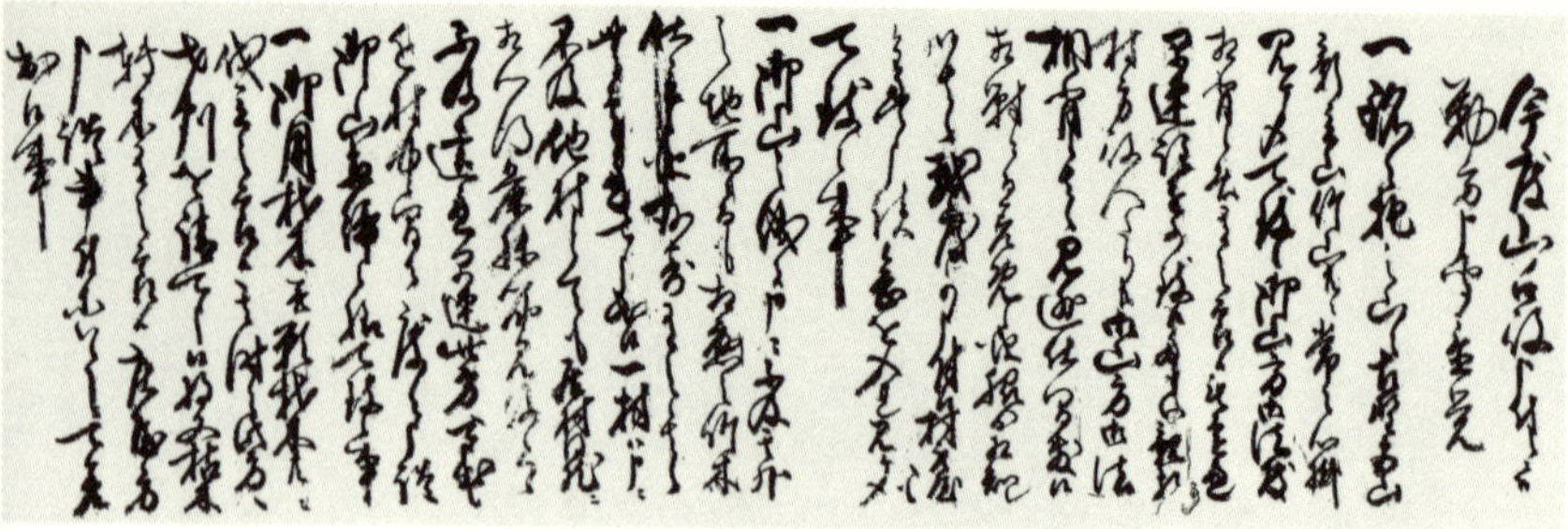

ば、遠慮無く申し出づべく候、一村は申すに及ばず他村とても居村同然に相心得、麁抹《そまつ》筋見及び候わば、遠慮に及ばず早速此方《こなた》へ申し出づべく候、近村中間々度々申し談じ御山取締り候様致すべく候事

一、御用材木ならびに願材木共に伐立ての節は、其の時々此方へ才判を請け申すべく候、将又《はたまた》枯木・転木これ有り候節は、庄屋方申し談じ書付などいたし差し出すべく候事

一、証拠付諸品伐せ候わば山所片荒《かたあらし》いたし申さず様夫入など仕るべく候事

但し、洪水の節急に堤土手その外道橋取かこいの註進の間もこれ無き節は、杭葉などは庄屋に申し談じ伐せ申すべく候、極印入り候程の材木は此方の指図なしには伐せ申す間敷く候

一、居村・他村の者によらず、薪その外竹木共に証拠無しに持運び候者これ有り候わば、押え置き申し出づべく候

一、御山方御法相背き候者は、老若の差別無く手物押え取り、此方役所へ指し出すべく候

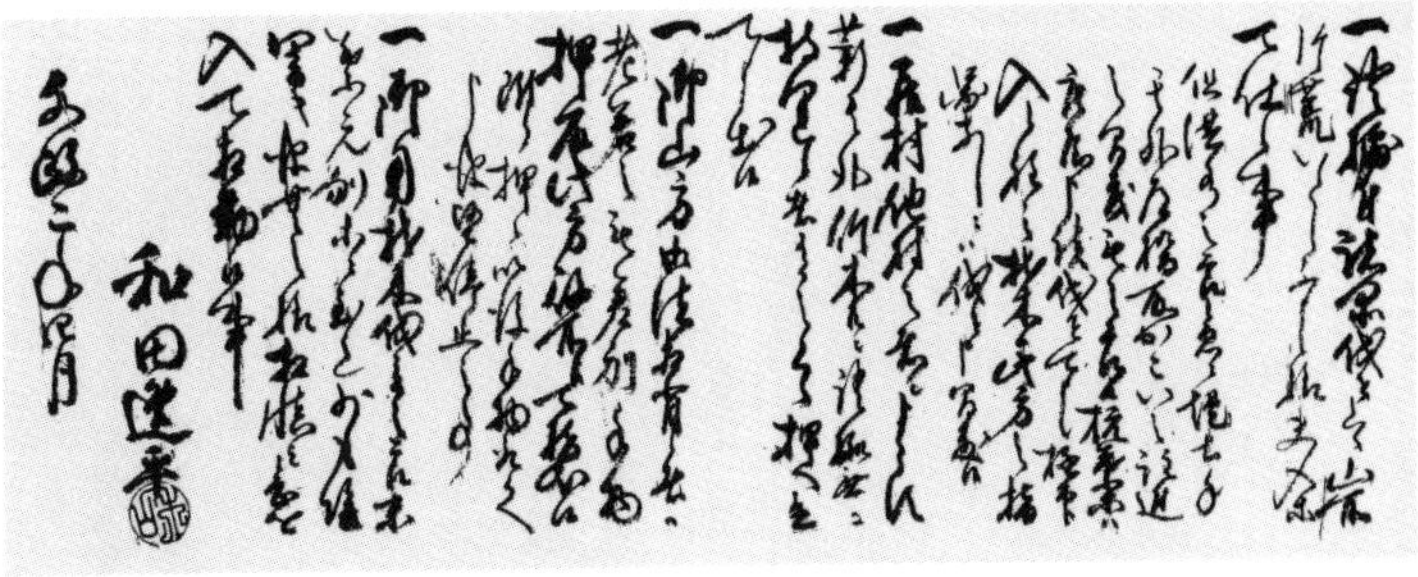

山ノ口役覚

附り、押え候以後手物取かえ申す儀堅く停止の事
一、御用材木伐立ての節、末葉・元刎などに至るまで少しも陰闇き
儀これ無き様相慎み念を入れ相勤むべく候事
和田　逸平（印）

文政二年四月

治山治水は藩政期の諸国諸藩の重要な政事であり、福岡藩直方領もまた遠賀川あり、国境の山々があり、士民ともに暮らしに直接関わる重要事であった。御山管理の体制も村々の隅々まで徹底したかに見えた。この管理体制をあざ笑うかの如き事件が起こった。

新多村清右衛門松木六拾本盗み取り申す由、庄屋加兵衛相加り足米万端村へ仕掛けなど仕り候由、御山目附岸田茂右衛門様頓野村へ御移り遊ばされ候節落ふみ〔投書〕仕り候故、十月に御山方船橋善太郎様直方にて庄屋加兵衛・頭百姓清右衛門・山ノ口中召し寄せられ御詮議成られ、其の後に木屋瀬にて御郡代川嶋伝七郎様御詮議、庄屋・頭百姓・山ノ口・小百姓残らず召し寄せられ、壱人別の御詮議遊ばされ候、其の節清右衛門首くびり永源寺《えいげんじ》うらにて相果て申し候、孫兵衛事は欠落《かけお》ち仕り候、其の後段々御詮議成られ候え共、何の出入りも御座無く候に付埒明き罷り帰り申し候、尤も兵次郎・か六と申す者は斗蔵に入り、十二月廿九日に出蔵仰せ付けられ候事、享保十六〔一七三一〕年十月より十一月まで、漸く享保十七年六月廿二日に福岡へ呼び出され、庄屋加兵衛に科銀五両、兵次郎へ壱両、か六へ壱両、以上七両御かけ成られ候て事済み申し候

この松の木盗み取り事件は、盗み取った量の多さ、事件に関与した犯罪者の数や質ともに深刻な犯罪である。主犯である清右衛門は取り調べ中、木屋瀬の永源寺の裏で縊死《いし》しており、取り調べに手間取り、刑の申し渡しまでに半年くらいかかっている。

なお、この犯罪に庄屋加兵衛も手を貸しており、闕所に近い科銀を科された。また、頭百姓、山ノ口も加担し、村の上層部の談合の上の犯罪と思われる。

おわりに

「萬年代記帳」に魅せられてから十数年が経過する。『御徳村風土記』刊行後も、御徳村風土記研究会は小規模ながら、「萬年代記帳」をテキストとして学習を続けてきた。二百数十年間、新山崎村の林家の篋底《きょうてい》深く秘蔵された古文書に接し、難読きわまる古文書を読み解く楽しさを味わいながら、享保の飢饉を中心とした江戸中期の藩政下にあった新山崎村の庄屋甚吉の二代五十年間の記録から、近世農村社会を追体験するかのような気分であった。

この「萬年代記帳」を大切に保存されてきた林家に敬意を表するものである。

往時の新山崎村を、現況からは想像することは難しい。大きな変化を与えた理由はいろいろと考えられるが、まず遠賀川の改修工事であろう。遠賀川の治水については藩祖長政以来の悲願であったが、江戸期における改修は鞍手町小牧くらいまでであった。それより上流は明治期の終わりから始められ、ようやく大正八（一九一九）年の完工をみるまで、遠賀川流域一帯は肥沃な沖積層をもちながら常に襲う洪水による凶作との闘いであった。「萬年代記帳」の大半は遠賀川の氾濫との闘いの記録でもある。灌漑用水路の整備、同村の跳び地であった兵丹唐戸修復など甚吉二代の苦闘が偲ばれる。

さらに、遠賀川の改修工事による堤防と河川敷の完成によって、往時の豊作時の様相を取り戻したかに思われたのも束の間と言っていい。石炭の採掘による地盤沈下が始まる。貝島鉱業による採炭は村の直下を襲い、たちまち村の大部分が湖沼と化した。鉱害による湖沼が呑み込んだ有形無形の文化的遺産は計り知れない。

最近、鉱害復旧によって農地は旧に復したが、かつての新山崎村の姿がいつになったら戻るのであろうか。次の「萬年代記帳」を誰か書くだろうか、おそらく書かれることはないかも知れない。これらのことを思うと、「萬年代記帳」のもつ歴史的意義の重さを改めて思い知らされる。

いかに有能であっても、新山崎村という小さな村の庄屋が知り得ることには当然限界があっただろうが、甚吉二代は、謙虚に誠実に役儀を勤めながら、領民に関わる犯科を細々と書き残してくれている。これらは小さな事件や犯罪が多く、江戸期の犯科史から見れば、ほんの一端を覗いたにすぎないかも知れないが、諸資料と突き合わせながらの楽しい作業であった。

この小著刊行について、直方歳時館館長牛島英俊氏や海鳥社別府大悟氏にいろいろ有益なご指導をいただいた。また、資料蒐集、原稿の整理などに長期間にわたってご尽力下さった川原秀子・佐上三枝子両氏に深く感謝申しあげる次第である。

平成十七年春

御徳村風土記研究会　白石壽郎

参考文献一覧

嘉穂郡役所編『嘉穂郡誌』嘉穂郡役所、一九二四年
鞍手郡教育会編『鞍手郡誌』芸巧社、一九三四年（一九七二年復刻）
北島正元著『江戸時代』岩波新書、一九五八年
滝川政次郎著『日本行刑史』青蛙房、一九六一年
森永種夫著『犯科帳』岩波新書、一九六二年
村井益雄著『江戸城』中公新書、一九六四年
石井良助著『江戸の刑罰』中公新書、一九六四年
鞍手町誌編さん委員会編『鞍手町誌』鞍手町、一九六九年
直方市史編さん委員会編『直方市史』直方市、一九七一年
青木虹二著『百姓一揆総合年表』三一書房、一九七一年
貝原篤信著『筑前国続風土記』名著出版、一九七一年
芦屋町誌編集委員会編『芦屋町誌』芦屋町、一九七二年
平野邦雄・飯田久雄著『福岡県の歴史』山川出版、一九七四年
鞍手町誌編集委員会編『鞍手町誌』鞍手町、一九七四－九五年
飯塚市誌編さん室編『飯塚市誌』飯塚市、一九七五年

小野武雄編著『江戸時代　刑罰風俗細見』展望社、一九七六年
大石慎三郎著『江戸時代』中公新書、一九七七年
松浦静山著『甲子夜話』平凡社・東洋文庫、一九七八年
宮田町史編纂委員会編『宮田町史』宮田町、一九七八年
木村　礎　著『近世の村』教育社、一九八〇年
檜垣元吉監修『福岡藩　吉田家伝録』太宰府天満宮、一九八一年
西日本新聞社編『福岡県百科辞典』上・下、西日本新聞社、一九八二年
三田村鳶魚著『三田村鳶魚全集』中央公論社、一九八三年
福岡県警察史編さん委員会編『福岡県警察史』明治大正編、福岡県警察本部、一九八三年
青野春水著『大名と領民』教育社、一九八三年（一九八五年新版）
川添昭二校訂『新訂　黒田家譜』文献出版、一九八四年
辻　達也著『徳川吉宗』吉川弘文館、一九八五年
小竹町史編さん委員会編『小竹町史』小竹町、一九八五年
今野信雄著『江戸の旅』岩波新書、一九八六年
角川地名大辞典編纂委員会編『角川日本地名大辞典　福岡県』角川書店、一九八八年
西日本文化協会　福岡県地域史研究所編『福岡県史　近代史科編　福岡県地理全誌』福岡県、一九八八年
外山幹夫著『長崎奉行』中公新書、一九八八年

辻　達也著『江戸時代を考える』中公新書、一九八八年
新渡部稲造著（奈良本訳）『武士道』三笠書房、一九八九年
西日本文化協会 福岡県地域史研究所編『福岡県史 近世史料編 年代記㈠』（万年代記帳）福岡県、一九九〇年
日置昌一編『日本系譜綜覧』講談社、一九九〇年
福岡地方史研究会編『福岡歴史探検 ①近世福岡』海鳥社、一九九一年
中間市史編纂委員会編『中間市史』中間市、一九九二年
遠藤周作著『切支丹時代』小学館、一九九二年
百瀬明治著『徳川吉宗』角川選書、一九九五年
福岡地方史研究会編『福岡歴史探検 ②近世に生きる女たち』海鳥社、一九九五年
高橋 敏 著『江戸の訴訟』岩波新書、一九九六年
ケンペル著『江戸参府旅行日記』平凡社・東洋文庫、一九九六年
司馬江漢著『江漢西遊記』平凡社・東洋文庫、一九九六年
河島悦子著『長崎街道』長崎街道街づくり推進協議会、一九九七年
山本博文著『参勤交代』講談社現代新書、一九九八年
C・P・ツュンベリー著『江戸参府随行記』平凡社・東洋文庫、一九九九年
福岡地方史研究会編『福岡藩分限帳集成』海鳥社、一九九九年
武野要子著『博多』岩波新書、二〇〇〇年

三浦明彦著『黒田如水』西日本新聞社、二〇〇〇年
三浦明彦著『長崎街道』九州文化図録撰書、二〇〇〇年
高橋　敏　著『江戸村方騒動顚末記』ちくま新書、二〇〇一年
増川宏一著『伊予小松藩会所日記』集英社新書、二〇〇一年
種村季弘著『東海道書遊五十三次』朝日新聞社、二〇〇一年
田辺聖子著『姥ざかり花の旅笠』集英社、二〇〇一年
竹内誠監修『ビジュアル・ワイド　江戸時代館』小学館、二〇〇二年
竹内誠監修『大江戸八百八町』東京都江戸東京博物館、二〇〇三年
池　享　編『天下統一と朝鮮侵略』（「日本の時代史」13）吉川弘文館、二〇〇三年
荒野泰典編『江戸幕府と東アジア』（「日本の時代史」14）吉川弘文館、二〇〇三年
高埜利彦編『元禄の社会と文化』（「日本の時代史」15）吉川弘文館、二〇〇三年
大石　学　編『享保改革と社会変容』（「日本の時代史」16）吉川弘文館、二〇〇三年
藤田　覚　編『近代の胎動』（「日本の時代史」17）吉川弘文館、二〇〇三年
磯田道史著『武士の家計簿』新潮選書、二〇〇三年
神崎宣武著『江戸の旅文化』岩波新書、二〇〇四年
八幡和郎著『江戸三〇〇藩　最後の藩主』光文社新書、二〇〇四年

白石壽郎（しらいし・としろう） 1918（大正７）年，福岡県鞍手郡小竹町御徳に生まれる。1936年，旧制鞍手中学校（現鞍手高等学校）卒業。1938年，小倉師範学校卒業。1952年まで鞍手郡内小学校教員。以降1966年まで，福岡県教育委員会指導主事など教育行政職を務める。1966−74年，鞍手郡内の小学校校長。1974−81年，小竹町教育長。編著書に『御徳村風土記』（御徳村風土記研究会）がある。小竹町在住。

「萬年代記帳《よろずねんだいきちよう》」に見《み》る
福岡藩直方領犯科覚帖《ふくおかはんのおがたりようはんかおぼえちよう》

■

2005年５月16日　第１刷発行

■

著者　白石壽郎

発行者　西　俊明

発行所　有限会社海鳥社

〒810‐0074 福岡市中央区大手門３丁目６番13号

電話 092(771)0132　FAX 092(771)2546

http://www.kaichosha-f.co.jp

印刷・製本　有限会社九州コンピュータ印刷

ISBN 4‐87415‐524‐3

[定価は表紙カバーに表示]